Viaggio nella pelle

Con-Vivere con la psoriasi

Giovanni Salierno

Viaggio nella pelle

Con-Vivere con la psoriasi

I nomi e i luoghi delle testimonianze raccolte sono stati modificati in modo fittizio al fine di mantenere la privacy degli intervistati.

Qualsiasi somiglianza con persone, viventi o defunte, luoghi o fatti reali è puramente casuale.

Foto copertina di Roberto Della Noce

© I edizione: Settembre 2020

Dello stesso autore:

-       *La deformazione del sé nello sguardo dell'altro: Con-Vivere con la psoriasi*

-       *Viaggio nella pelle: Con-Vivere con la psoriasi*

Tradotto anche in lingua inglese :
-       *Journey into the skin: Co-Exist with psoriasis*

-       *L'illusione di Eco … l'inganno di Narciso*

-       *L'abbraccio di Gipsy*

-       *L'anima di Gipsy*

-       *Le anime raccontano Gipsy*

-       *Il Tango di Gipsy*

Indice

*"Contempla gli occhi che sembrano stelle,
contempla le chiome degne di Bacco e di Apollo,
e le guance levigate, le labbra scarlatte,
il collo d'avorio, il candore del volto soffuso di
rossore ...
Oh quanti inutili baci diede alla fonte
ingannatrice! ...
Ignorava cosa fosse quel che vedeva,
ma ardeva per quell'immagine ..."*

Racconta Ovidio (Metamorfosi III, 420 e segg.)

La Bellezza

E un poeta disse: Parlaci della Bellezza.
Ed egli rispose:
Dove cercherete la bellezza, e dove pensate di
trovarla, se non sarà lei stessa vostra via e vostra
guida?
Come potrete parlarne, se non sarà lei stessa la
tessitrice del vostro discorso?
L'afflitto e l'offeso dicono: "La bellezza è benevola e
gentile.
Cammina tra noi come una giovane madre, quasi
schiva del proprio splendore".
E l'appassionato dice: "No, la bellezza è qualcosa
di possente e pauroso;
Come tempesta, fa tremare la terra sotto di noi e il
cielo sopra di noi".
Lo stanco e l'accasciato dicono: "La bellezza è
un tenue bisbiglio.
Parla nel nostro spirito.

La sua voce si adegua al nostro silenzio come una debole luce che trema per timore dell'ombra".
Ma l'irrequieto afferma: "Abbiamo udito il suo grido tra i monti,
E col suo urlo un rumore di zoccoli, e un battere di ali, e un ruggire di leoni".
A notte i guardiani della città dicono: "La bellezza sorgerà a oriente con l'aurora".
E nel meriggio gli operai e i viaggiatori dicono: "L'abbiamo vista affacciarsi sulla terra dalle finestre del tramonto".
D'inverno, chi è isolato dalla neve dice: "Arriverà a primavera, saltellando sulle colline".
E nel calore dell'estate, i mietitori dicono: "L'abbiamo vista danzare con le foglie d'autunno, e aveva tra i capelli uno spruzzo di neve".
Tutto questo avete detto della bellezza,
Ma in realtà, non parlavate di lei, ma di bisogni insoddisfatti;
La bellezza non è un bisogno, ma un'estasi.
Non è una bocca assetata né una mano vuota protesa,
È piuttosto un cuore infiammato e un'anima incantata.
Non è l'immagine che vorreste vedere, e non è il canto che vorreste udire,
È piuttosto un'immagine da vedere a occhi chiusi e

un canto da udire con le orecchie tappate.
Non è la linfa nei solchi della corteccia, né un'ala
accanto a un artiglio.
È piuttosto un giardino sempre fiorito, e una
moltitudine d'angeli eternamente in volo.
Popolo d'Orphalese, la bellezza è la vita quando
la vita toglie il velo dal proprio volto santo.
Ma voi siete la vita e siete il velo.
La bellezza è l'eternità che si contempla in uno
specchio.
Ma voi siete l'eternità e siete lo specchio

"Il profeta", Kahlil Gibran

Prefazione

Il mio viaggio nella pelle dura da oltre vent'anni.

Un incidente ha segnato l'esordio di questa malattia.

Tanti cambiamenti nello stile di vita e la volontà di conoscere questa patologia mi hanno portato a studiare Psicologia, fino a essere oggi uno psicologo.

Si non faccio lo psicologo, ma lo sono.

La psoriasi attacca non solo il corpo, ma anche la psiche.

Oggi l'autostima è messa a dura prova, l'essere non belli o imperfetti è critico in una società dove conta più che mai l'apparire.

Questa malattia ti costringe a non essere più te, ti porta ad isolarti per non essere emarginato dagli altri che ti vedono come un "mostro".

Attraverso la lettura di questo testo la psoriasi non scomparirà dal corpo, ma magari possiamo imparare a con-viverci.

Introduzione

Nel racconto di Ovidio, probabilmente basato sulla versione di Partenio, ma modificato, Eco una ninfa dei monti, s'innamorò di un giovane vanitoso di nome Narciso figlio di Cefiso, una divinità fluviale, e della ninfa Liriope.

Cefiso aveva circondato Liriope con i suoi corsi d'acqua, e l'aveva sedotta, così lei diede alla luce un bambino di eccezionale bellezza.

Preoccupata per il futuro del bimbo, Liriope consultò il profeta Tiresia, il quale predisse che Narciso avrebbe raggiunto la vecchiaia solo "se non avesse mai conosciuto se stesso".

Quando Narciso raggiunse il sedicesimo anno di età, era un giovane di tale bellezza che ogni abitante della città, uomo o donna, giovane o vecchia, s'innamorava di lui, ma egli, orgogliosamente, li respingeva tutti.

Un giorno, mentre il giovane era a caccia di cervi, la ninfa Eco lo seguì furtivamente nei boschi perché desiderosa di rivolgergli la parola. Lei era incapace di parlare per prima perché era costretta a ripetere sempre le ultime parole di ciò che le era detto. Ciò avveniva perché era stata punita da Giunone quando, con dei lunghi racconti, l'aveva distratta permettendo alle altre ninfe, amanti di Giove, di nascondersi.

Narciso sentì dei passi e gridò: "Chi è là?", Eco ripeté: "Chi è là?" e così continuarono finché la ninfa non si mostrò e corse ad abbracciare il giovane, ma egli la allontanò in malo modo dicendole di lasciarlo solo.

Eco, con il cuore infranto, trascorse il resto della sua vita in valli solitarie, gemendo per il suo amore non corrisposto, finché di lei rimase solo la voce.

Nemesi, ascoltando questi lamenti, decise di punire il crudele Narciso.

Un giorno il giovane, mentre era nel bosco, s'imbatté in una pozza profonda e si accucciò su di essa per bere. Non appena vide, per la prima volta nella sua vita, la sua immagine riflessa s'innamorò perdutamente del bel ragazzo che stava fissando, senza rendersi conto che era lui stesso. Solo dopo un po' si accorse che l'immagine riflessa gli apparteneva e, comprendendo che non avrebbe mai potuto ottenere quell'amore, si lasciò morire struggendosi inutilmente. Si compiva così la profezia di Tiresia.

Quando le Naiadi e le Driadi vollero prendere il suo corpo per collocarlo sul rogo funebre al suo posto trovarono un fiore cui fu dato il nome Narciso.

Si narra che Narciso quando attraversò lo Stige, il fiume dei morti, per entrare nell'Oltretomba si affacciò sulle acque limacciose del fiume sperando di poter ammirare ancora una volta il suo riflesso.[1]

La bellezza risplende nel cuore di colui che ad essa aspira più che negli occhi di colui che la vede.[2]

---

[1] Diverse sono le versioni del mito di Narciso, la narrazione qui riportata è quella romana così come viene raccontata da Ovidio nel III libro delle "Metamorfosi."

[2] Kahlil Gibran, "Il profeta", sulla bellezza.

Non possiamo vederci belli quando il volto che vediamo riflesso è deturpato da una malattia cutanea come la psoriasi, se poi cerchiamo un riflesso negli sguardi degli altri che ci possa risollevare, accade, invece, che l'immagine ci ritorni ancora più mostruosa.

Sentirsi belli è importante oggi forse più che nel passato poiché la bellezza, nella società moderna, è quasi un obbligo sociale.

L'essere bello vuol dire appartenere alla società, esserne accettati, esserne desiderati e richiesti.

Sono questi i fattori che aumentano in ogni individuo l'autostima e il senso della propria identità sociale.

Che cosa dire allora di una malattia che, come la psoriasi, colpisce la nostra immagine, "la bellezza" del corpo e talvolta del volto?

Il mito classico di Narciso simboleggia la funzione del rispecchiamento del sé, ma af-finché ci sia l'accettazione è fondamentale che il primo impatto visivo con l'altro sia positivo. A Narciso la bellezza costò la vita, al malato di psoriasi la malattia reca "la disperazione".

Chi ha il viso deturpato dalla psoriasi non può mai apparire piacevole.

Una persona bella è colei che presenta un aspetto gradevole alla vista, cosa che non è possibile per i soggetti affetti da psoriasi dove la pelle è malata, deturpata da macchie o croste.

Se una persona con psoriasi riflette la propria immagine in uno specchio d'acqua non vede un'immagine di cui innamorarsi, ma quella di un mostro da cui fuggire.

Fuggire quindi da se stessi, ma soprattutto da chi, guardandoci, ci fa sentire sgradevoli.

Capitolo I: La psoriasi

1.1 Ieri e oggi

La psoriasi affligge circa 100 milioni di persone nel mondo, aumenta con l'età e varia molto fra le diverse popolazioni; in Italia colpisce circa due milioni e mezzo di persone. Nel mondo occidentale circa il 3-4% della popolazione ne è affetto[3].

Essa è una delle malattie della pelle tra le più antiche. Se ne trovano, infatti, alcune rappresentazioni nei papiri egiziani ed è chiaramente riconoscibile in alcune pagine della Bibbia.[4]

---

[3] ADIPSO, http://www.adipso.org.
[4] Levitico 13:2, Libro di Giobbe. Nella Bibbia si legge di una malattia cutanea che colpì tutta la pelle

Una sua accurata descrizione si trova nel Corpus Hippocraticum edito ad Alessandria circa un secolo dopo la morte di Ippocrate (460–377 a.C.) e più tardi nell'opera di Celso del 35-40 d.C.[5].

Nell'antichità, nel medioevo e fino alla metà del secolo scorso era confusa con una forma di lebbra, non mutilante e non contagiosa, chiamata "lepra graecorum" nella sua forma cronica e stabile; "psora leprosa" nella forma attiva o instabile, policiclica e confluente.

Fino all'inizio del XIX secolo era usato il termine "lepra" per descrivere tale malattia.[6]

Solo verso la fine del suddetto secolo si ebbe la definitiva dimostrazione che le due forme citate erano un'unica malattia che non aveva nulla a che vedere con la lebbra e, pertanto, chi ne era affetto non doveva

---

di Giobbe e di lesioni cutanee di Ezechia, curate queste ultime con impiastri di fichi.

[5] Nel V secolo a. C. Ippocrate ci fornisce una descrizione abbastanza accurata di lesioni psoriasiche e chiama questa malattia "Psora".

[6] Willam, R, "On cutaneous diseases". Volumen I. Londres, 1808.

essere emarginato dalla società perché non portatore di malattia infettiva.[7]

La prima comparsa della malattia viene riferita entro i trentanove anni d'età (59 % dei soggetti affetti), il maggior picco tra i venti ed i trentanove anni.[8]

La psoriasi è una malattia infiammatoria della cute, su base genetica, causata da molteplici fattori, quindi, non solo di natura ereditaria, ma anche ambientali come lo stress. Ed è proprio lo stress che, oltre ad indurre l'insorgere della malattia, può portare a un suo peggioramento.

Sulla superficie corporea compaiono macchie rosse e placche, conseguenza di un fenomeno di infiammazione della pelle. Ciò avviene a seguito di un aumento anormale della produzione dello strato più esterno dell'epidermide.

---

[7] Hebra, F., Atlas der Hautkrankheiten. Vienna, 1856-1876.

[8] Naldi L. et al. "Study design and preliminary results from the pilot phase of the Praktis study: self-reported diagnoses of selected skin disease in a representative sample of the Italian population, dermatology", 208: 38-42, 2004.

Il rinnovo dello strato superficiale della pelle avviene di norma ogni ventotto giorni, ma per chi è affetto da psoriasi avviene invece sette volte più velocemente. Ciò porta ad un eccesso di cellule non completamente mature in superficie.

La psoriasi non è una malattia univoca essa comprende diverse forme cui corrispondono altrettante manifestazioni, non esiste ancora una classificazione esaustiva e comune.

Si distinguono, però, tradizionalmente le seguenti forme: cronica a placche, guttata, invertita, postulosa, eritrodermica, desquamativa ed artopatica.

La presunta vulnerabilità, come accade per la maggior parte delle patologie fisiche per cui esiste una predisposizione cromosomica, può costituire il terreno di base su cui si sviluppa una patologia nel caso in cui si è soggetti a certi stress.[9]

Sebbene la predisposizione alla psoriasi sia di carattere genetico, sono i fattori

---

[9] Zubin, J., & Spring, B. 1977. "Vulnerability: A new view of schizophrenia". Journal of Abnormal Psychology, 86, 103–126.

esterni come lo stress ad influire direttamente sull'espandersi delle lesioni cutanee.

Tale patologia fisica non deve essere vista strettamente solo dal punto di vista medico, ma da una prospettiva multifattoriale che prende in considerazione non solo i fattori organici, ma anche quelli sociali e psicologici.

La psoriasi ha effetti che possono essere devastanti sulla qualità della vita e delle relazioni sociali, arrivando a compromettere la vita relazionale dell'individuo che ne è affetto.

Tale malattia non può essere considerata in senso stretto una malattia della pelle, perché il suo scatenarsi, l'aggravarsi e la sua cronicità sono causati da molteplici fattori tra cui anche alcuni a carattere psico-sociale.

Nella società moderna, in particolare in quella occidentale, si dà grande importanza all'aspetto fisico ed alla bellezza esteriore. Occorre, invero, precisare che l'estetica è sempre stata un metro di paragone, ma oggi lo è ancora di più per il ruolo che svolgono i mass-media.

La bellezza accresce il potere ed il riconoscimento sociale, essa è fondamentale non solo per il vivere quotidiano, per essere accettati dagli altri e dal partner, ma anche per trovare un lavoro.[10]

Chi non risponde agli stereotipi sociali di bellezza è messo da parte attraverso processi di stigmatizzazione.[11]

Chi soffre di psoriasi si sente stigmatizzato e respinto dagli altri, con conseguente impatto sul lavoro, sull'abuso di alcool, sul ricorso a cure psichiatriche.

Il 19% degli psoriasici ha dichiarato di aver avuto in numerose occasioni episodi di rigetto verificatisi nell'ambiente di lavoro, a scuola, dal parrucchiere, in palestra e in altri luoghi pubblici.[12]

Gli episodi o le sensazioni di repulsione da parte degli altri portano a seri problemi

---

[10] Waters J. 1985, "Cosmetics and the job market". In J. Graham, A. Kligman eds., "The Psychology of cosmetics treatments", New York, Praeger.

[11] Goffman E., "Stigma", 1963, traduzione italiana, Verona, Ombre corte, 2003.

[12] Ginzburg IH, Link Bg. (1993) "Psychosocial consequences of rejection and stigma feelings in psoriasis patient". Int J Dermatology; 32: 587-91.

di adattamento nell'ambito lavorativo ed affettivo, e talvolta essi sfociano nell'alcolismo e nell'eccessivo consumo di sigarette.

L'aumento dell'uso di alcool nei pazienti psoriasici è una conseguenza socio psicologica della malattia piuttosto che una causa determinante.[13]

Negli psoriasici cronici di sesso maschile, confrontati con una parallela popolazione di non psoriasici, il consumo di alcool è mediamente superiore a quello del gruppo di controllo.[14]

Esso, però, aumenta progressivamente con la gravità e probabilmente anche con la durata della malattia, mentre, inizialmente, non appare superiore a quello delle persone sane.

---

[13] Naldi L, Parazzini F, Brevi A, et al. "Family history, smoking habits, alcohol consumption and risk of psoriasis". Br J Dermatology 1992; 127:212-217.

[14] Il gruppo di controllo è formato da persone che, nel corso di un esperimento, vengono tenute nelle stesse condizioni di quelle prese in esame senza, però, subire il trattamento oggetto della ricerca.

Nei pazienti con psoriasi vi è una netta prevalenza di fumatori, per la maggior parte donne.[15]

E' difficile, però, stabilire se il fumo abbia un ruolo di fattore scatenante della malattia o se invece ne sia una conseguenza come avviene per l'uso di alcool.

[15] Braathen LR, Botten G, Bjerkedal T. "Psoriatic in Norway. Acta Derm Venereol" 1989; 142 (Suppl): 9-12.

1.2 L'impatto della Psoriasi: benessere e coping

La cute è l'organo di senso più importante per l'individuo essendo essa strettamente collegata alla crescita e allo sviluppo dell'individuo, non soltanto dal punto di vista fisico, ma anche da quello comportamentale. La pelle rappresenta il luogo manifesto dei problemi interni del soggetto che non riesce ad esprimerli diversamente.[16]

Stressanti sono quelle situazioni che comportano un profondo cambiamento nell'esistenza dell'individuo.

Lo stress è un insieme di processi che implicano transazioni tra l'individuo e l'ambiente; la percezione dello stress avviene quando c'è una discrepanza tra le

---

[16] Montagu A., Touching , The Human Significance of the Skin, Published by Columbia University Press/NY in 1971. A Book Review by Bobby Matherne 2006.

richieste poste dalle situazioni e le risorse di cui dispone la persona per fronteggiarle.[17]

Nei periodi precedenti all'esplosione della patologia, generalmente, ci sono uno o più eventi stressanti, anche se non tutti gli ammalati riescono sempre ad identificarli.

Anche un'esperienza di perdita definitiva di qualcosa o di qualcuno, perdita del vecchio ed acquisizione del nuovo, può risultare stressante. Non a caso, la patologia si è mostrata anche in occasione di eventi positivi, come il matrimonio, momento di profondo cambiamento.

Non si dovrebbero prendere in considerazione solo particolari eventi stressanti, ma anche gli stress della vita quotidiana che sono altrettanto nocivi per la salute.[18]

Stressanti sono quegli eventi esistenziali che modificano la situazione e l'assetto di

---

[17] Lazarus R.S. e Folkman S., "Stress, appraisal and coping", New York, Springer, 1984.
[18] Picardi A, Pasquini P, Abeni D, Fassone G., Mazzotti E, Fava GA. "Psychosomatic assessment of skin diseases in clinical practice". Psychotherapy and Psychosomatics, 2005, 74:315-22.

vita dell'individuo, richiedendone un notevole sforzo di adattamento.

I pazienti affetti da questa patologia affrontano il mondo esterno con le sue difficoltà proteggendosi con una sorta di corazza. I fattori psichici e somatici continuamente interagiscono e s'influenzano tra di loro, venendo così a crearsi sulla pelle una corazza fisica dovuta all'ispessimento cutaneo.

Le caratteristiche dei pazienti con psoriasi sono: inibizione emotiva, controllo dell'aggressività, forte ansietà, coartazione della vita fantasmatica ed alessitimia.

Le difese psicologiche che gli psoriasici usano per affrontare le proprie esperienze di vita sono sostanzialmente di tipo nevrotico: evitano, negano, reprimono ed isolano i sentimenti. I disagi psicologici sono negati perché i pazienti sono molto legati ai loro sintomi fisici.

Essendo la psoriasi una malattia, che impatta non solo lo stato di salute della persona, ma anche la qualità della vita, sono stati sviluppati diversi indici per studiare tale impatto. Tra i maggior indicatori che valutano l'impatto fisico vi è il P.A.S.I.

(Psoriasis Area and Severity Index), mentre per poter valutare l'impatto sulla qualità della vita viene utilizzato maggiormente l'indice DLQI.[19]

Il P.A.S.I. è un indice che assegna un punteggio alla gravità della psoriasi e nel suo calcolo si tiene conto dell'area colpita[20], ovvero quanta superficie cutanea è interessata dalla malattia. In altre parole si analizza l'infiammazione, quanto è arrossata l'area; si analizza di quanto sia sollevata quest'area rispetto alla pelle circostante al

---

[19] Finlay AY, Khan GK. "Dermatology Life Quality Index (DLQI): a simple practical measure for routine clinical use". Clin Exp Dermatology, 1994; 19: 210-216.

[20] Per calcolare il grado di invalidità causato dalla malattia si utilizzano degli indici di severità che analizzano l'estensione cutanea. Il corpo viene suddiviso in quattro aree: il capo che rappresenta il 10% della cute, le braccia che sono il 20%, il tronco che è il 30% ed infine le gambe pari al 40%. La percentuale della pelle colpita in ogni area corrisponde ad un valore che varia da zero (*nessun coinvolgimento*) a sei (*oltre il 90% del coinvolgimento*). La gravità viene misurata considerando quattro diversi parametri: prurito, eritema, desquamazione e spessore.

fine di capire l'infiltrazione della malattia ed infine si analizza la desquamazione, ossia quante siano le squame perse da quest'area o quante squame bianco-argenteo siano presenti.

La principale critica all'utilizzo del P.A.S.I. è dovuta alla mancanza del punto di vista del paziente, perché l'indice di gravità della malattia è misurato dal medico, senza tenere conto del parere del malato.[21]

La psoriasi ha un impatto specifico sulla qualità della vita che non deve essere misurato dalla severità della malattia sulla pelle, ma dalla valutazione (assesment) dello stress psicologico, sfiducia nelle relazioni con il prossimo e nella società dovuti a fenomeni di stigmatizzazione con una conseguente diminuzione della produttività al lavoro o a scuola.[22]

---

[21] McHenry PM, Doherty VR. "Psoriasis: an audit of patients' views on the disease and its treatment." Br J Dermatology 1992 127: 13-7.

[22] Rapp SR, Feldman SR. Exum ML et al. "Psoriasis causes as much disability as other major medical disease". J Am Acad Dermatology 1999; 41: 401-407.

I fattori psico-sociali variano da malattia a malattia, da persona a persona, così come da un episodio all'altro per la stessa persona.

In alcuni casi, infatti, può avere un peggior impatto sulla qualità della vita una leggera desquamazione appena visibile che non una dermatite evidente.[23]

Può succedere a volte che con la psoriasi ridotta fin dell'80% e quindi con pochi segni ancora visibili, per il medico questo sia un buon successo terapeutico, mentre per il paziente i problemi di stigma, vergogna, paura, difficoltà nei rapporti con gli altri possano anche essere immutati o addirittura peggiorati.[24]

Le misurazioni tradizionali del P.A.S.I. sono rivolte a quantificare la severità della malattia analizzando, per esempio, la percentuale di superficie corporea impattata

---

[23] Lipowski Zj, "Psychosomatic medicine in the seventies: an overview". Am J Psychiatry 1977: 134: 233-234.

[24] Abeni D., Picardi A., Pasquini P., Melchi CF., Chern MM, 2002 "Further evidence of the validity and reliability of the Skindex-29: an italian Study on 2.242 dermatological outpatients". Dermatology 204:43-9.

o la grandezza delle squame, ma non misurano direttamente gli effetti della malattia sulla persona.

In questi anni, invece, si è sviluppato notevolmente il concetto di Qualità della vita (QOL) in base a fattori fisici, sociali e psicologici.[25]

La psoriasi non solo influenza negativamente la qualità della vita di chi ne è affetto, ma impatta anche sulla vita dei familiari. Infatti, il tempo del trattamento, la riluttanza a vivere solo o maggiormente a casa, chiuso tra le pareti domestiche, evitando luoghi pubblici, attività sportive, spiagge, mare possono influenzare il trascorrere del tempo libero da parte dei familiari.[26]

Per stabilire quanto una malattia influisca negativamente sullo stato d'animo del

---

[25] Anderson RT, Rajagopalan R., 1997. "Development and validation of a quality of life instruments for cutaneous diseases". J Am Acad Fermato; 37: 41-50.

[26] Ramsay B. O' Reagan M. "A survey of the social and psychological effects of psoriasis". 1988: 195-201.

paziente sono stati messi a punto diversi test tra cui cito il DLQI.[27]

---

[27] Lo Skindex-29 e lo Skindex-17 e lo SF-36. Lo Skindex-29 è un questionario di autovalutazione che consente di valutare il peso dei sintomi, il funzionamento sociale e lo stato emotivo. Tale questionario spicca per robustezza psicometria e praticità d'uso ed è composto da trenta domande per cui bastano solo cinque minuti per completarlo. Comprende dieci parametri relativi alla sfera emozionale, sette riguardanti la sintomatologia soggettiva e dodici che indagano gli aspetti funzionali (Chern, 1996-97; Abeni, 2002; Augustin, 2004).

Lo Skindex-17 è una riduzione e raffinazione dello Skindex-29 ed è stato messo a punto dall'equipe dell'I.D.I. in collaborazione con la stessa Mary-Margaret Chern e con Tamar Nijsten.

Lo SF-36 è stato sviluppato a partire dagli anni '80 negli Stati Uniti d'America come questionario generico multi-dimensionale attraverso trentasei domande che permettono di assemblare otto differenti scale. I soggetti, mediamente, impiegano circa dieci minuti per la sua compilazione. Le trentasei domande si riferiscono ad otto domini di salute: attività fisica, limitazioni di ruolo dovute alla salute fisica e allo stato emotivo, dolore fisico, percezione dello stato di salute generale, vitalità, attività sociali, salute mentale e cambiamento dello stato di salute.

Il DLQI indaga quanto la psoriasi influisce nella vita di una persona che ne è affetta.

Si tratta di un questionario che prende in considerazione i problemi connessi alla pelle e che hanno influito nella vita della persona negli ultimi sette giorni.[28]

Alcuni degli aspetti valutati sono ad esempio: prurito e bruciore, scelta dei vestiti, capacità di fare sport o di svolgere normalmente il proprio lavoro, la vita sociale e relazionale e tutto ciò che influenza le attività quotidiane.

La valutazione è effettuata assegnando a dieci domande un punteggio che esprime quanto quel problema abbia pesato: moltissimo, molto, poco o nulla.

Lo scopo di questa misurazione, analogamente al P.A.S.I., è quello di determinare come la persona viva con la propria malattia al momento della diagnosi e se quanto nel tempo sia migliorata la sua qualità di vita.

---

[28] Finlay AY, Coles EC. "The effect of severe psoriasis on the quality of life of 369 patients". Br J Dermatology 1995; 132: 236-244.

Altri indici e scale utilizzate prendono in considerazione l'area del corpo interessata dalla psoriasi oppure la disabilità che essa comporta; oppure la qualità della vita o lo stato psico-fisico di colui che ne è affetto. Lo scopo è sempre quello di cercare di quantificare se, come e quanto l'intervento terapeutico abbia influenzato l'andamento di questa malattia, ma non come la persona riesca a vivere quotidianamente nella società.

Per la misurazione del QOL dei pazienti con psoriasi si tiene conto di diversi fattori come: i sintomi fisici, l'attività lavorativa o la scuola, le semplici attività quotidiane, l'attività sessuale, il bere ed il fumare, le idee suicide, la famiglia e la stigmatizzazione.

Generalmente i sintomi fisici che presentano i pazienti con psoriasi sono: dolore, prurito, bruciore ed infine pelle secca. In uno studio effettuato su centoquattro pazienti, il 30% di essi ha indicato quale peggiore sintomo il prurito.[29]

---

[29] Ramsay B. O' Reagan M. "A survey of the social and psychological effects of psoriasis". 1988: 195-201.

L'importanza dei sintomi fisici è da considerare in base alle opinioni dei pazienti e dalle loro condizioni fisiche (25%).[30]

La psoriasi influisce anche sulle più semplici attività quotidiane svolte dagli individui.

Essa può influenzare il taglio dei capelli, il colore e lo stile dell'abbigliamento, la partecipazione dei soggetti ad attività sociali come lo svolgere dello sport o semplici attività manuali le quali influenzano la pelle tramite sudorazione o sanguinamento.

La psoriasi impedisce, inoltre, di svolgere determinate attività come l'andare in piscina o al mare, luoghi evitati da tutti i soggetti con psoriasi sia in forma grave che meno grave.

Anche se la reattività sessuale non è stata correlata con la gravità della malattia o con la sua posizione in zone genitali è risultato, comunque, che molti pazienti, in particolare donne hanno difficoltà ad iniziare rapporti sessuali[31].

---

[30] McHenry PM, Doherty VR. "Psoriasis: an audit of patients' views on the disease and its treatment". Br J Dermatology 1992 127: 13-7.
[31] Van Dorssen IE, Boom BW, Hengeveld MW.

Inoltre, circa il 10% dei pazienti con psoriasi, ha anche idee suicide, ciò a sottolineare ulteriormente la relazione mente-corpo.

Generalmente l'idea suicida è più comune nei pazienti con alti punteggi depressivi e in coloro che pensano di avere una forma grave di psoriasi.[32]

Come abbiamo visto la malattia non influisce solo sulla vita quotidiana di chi ne è affetto e sul suo funzionamento sociale, ma compromette anche la qualità della vita delle famiglie.

Gli amici e sopratutto i familiari sono coinvolti nella vita quotidiana degli ammalati di psoriasi.

Il tempo di trattamento, la frequente riluttanza ad uscire da casa, l'escludersi da molti luoghi pubblici possono influenzare anche il tempo libero per la famiglia, poiché in alcuni casi, soprattutto i più gravi, i

---

"Experience of sexuality in patients with psoriasis and costitutional eczema". Ned Tijdschr Geneeskd 1992; 136: 2175-8.

[32] Cotterill J.A. Cunliffe WJ. "Suicide in dermatological patients". Br J Dermatology 1997; 137: 246-250.

parenti sono coinvolti moralmente, emotivamente, fisicamente ed economicamente.[33]

[33] Ramsay B. O' Reagan M. "A survey of the social and psychological effects of psoriasis". 1988: 195-201.

1.3 Bellezza e stigma

La bellezza svolge un ruolo chiave nel mondo laddove amici, partner e colleghi si relazionano a noi ed a parità di contenuto comunicativo e di capacità di instaurare nuove relazioni, le persone belle e sane sono più persuasive di quelle brutte e malate.

Molte ricerche dimostrano come la bellezza giochi un ruolo di primo piano nel campo della scelta del partner e nello sviluppo di rapporti personali intimi.

In una relazione iniziale con una persona attraente, sia uomini, sia donne tendono a mentire alterando in positivo le proprie caratteristiche come, ad esempio, i tratti di personalità, il reddito, il successo personale, le capacità lavorative e l'intelligenza.[34]

---

[34] Rowatt W. C., Cunningham M. R., Druen P. B., 1999, Lying to get a date: The effect official physical attractiveness on the willingness to deceive prospective dating partners, "Journal of Social and Personal Relationships" 16, 209-223.

Finanche sul piano giudiziario le persone gradevoli tendono ad essere giudicate meno colpevoli rispetto alle persone non attraenti e il loro comportamento, anche se sbagliato, viene spesse volte giustificato da "cause esterne" come le "circostanze", anziché associato direttamente alla volontà.

Per rendersi conto di quanto l'attrattiva e la bellezza siano un elemento chiave nella società odierna è sufficiente pensare a quei casi in cui essa risulta deficitaria come nei casi di malattie della pelle gravi come la psoriasi.

Le malattie dermatologiche e le lesioni, che compromettono l'estetica del corpo, costituiscono un forte impedimento ai rapporti sociali, tali da pregiudicare l'equilibrio psichico delle persone che ne sono colpite e da richiedere, a volte, il ricorso a terapie di sostegno psicologico.

Anche nell'assunzione per un posto di lavoro riveste importanza l'attrattiva del candidato, infatti, per alcune categorie di persone, come attori o modelli, quasi tutto il successo può dipendere dalla bellezza fisica e non dalla bravura.

Anche nell'assunzione di persone, a maggior ragione, per un lavoro a contatto col pubblico, addetti alle vendite, assistenti di viaggio, addetti alle pubbliche relazioni, la bellezza svolge certamente un ruolo base, anche in considerazione del fatto che una maggiore attrattiva si accompagna sovente a maggiori abilità sociali ed estroversione.[35]

Si è dimostrato, inoltre, che le persone belle trovano più facilmente lavoro e tendono ad avere impieghi più prestigiosi.

Nel caso di lavori specifici spesse volte accade che si valutino più favorevolmente i candidati attraenti rispetto a quelli che non lo sono.

Le ricerche sulle possibilità di trovare un impiego in funzione della bellezza fisica non hanno dato risultati congruenti per maschi e femmine. Nel caso di posizioni dirigenziali e di responsabilità la bellezza è di sicuro un vantaggio per gli uomini, ma non per le donne.

---

[35] Dipboye R., Arvey R. Terpstra D., 1977, Sex and physical attractiveness of raters and applicants as determinants of résumé evaluations, "Journal of Applied Psychology", 62, 288-294.

Nel caso di persone attraenti i pregiudizi sull'idoneità a svolgere determinati lavori da parte di maschi e femmine sono molto più vivi (donne molto belle sono ritenute idonee a svolgere lavori considerati femminili in modo più incisivo rispetto a donne meno attraenti). Se una donna ha una carriera "veloce", inoltre, si tende ad attribuire questo successo più alla sua bellezza che alle sue effettive capacità e ciò avviene a causa di pregiudizi sociali[36].

Uno dei processi attraverso i quali la bellezza influisce nella psicologia quotidiana consiste nel fatto che ad essa è associata una nutrita costellazione di caratteristiche positive che nella realtà sono indipendenti.

Gli psicologi chiamano questo fenomeno "effetto alone"; una singola caratteristica, come l'avvenenza di una persona, viene ad influenzare come un alone altre sue caratteristiche e la nostra impressione risulta falsata.

---

[36] Waters J. (1985), "Cosmetics and the job market". In J. Graham, A. Kligman eds, The Psychology of cosmetics treatments, New York, Praeger.

Così, chi è bello diventa anche buono. Non solo, chi è bello è anche più gentile, credibile, persuasivo e felice. Le persone avvenenti sono considerate anche energiche, padrone di sé, socievoli e competenti, per cui si pensa che facciano lavori interessanti ed abbiano matrimoni felici.

L'effetto "what is beautiful is good" (il bello è buono) è un concetto molto forte.

Le persone attraenti fisicamente sono valutate da altri come più dominanti, intelligenti, e sessualmente disponibili, equilibrate psicologicamente.[37]

La bellezza fisica ha invece altri tipi di influenza: ad esempio, favorisce maggiori contatti interpersonali e attenua l'ansia sociale.[38]

Pertanto, non solo la bellezza è fondamentale nella nostra società, ma

---

[37] Su novantatre studi che hanno cercato di stabilire se persone attraenti e non attraenti differissero in qualche tratto di personalità, l'analisi globale ha indicato una totale assenza di relazione fra attrattiva fisica e qualità di base, come intelligenza, dominanza o altro.

[38] Feingold A., (1992), Good-looking people are not we think, "Psychological Bullettin" 21, 304-341.

l'apparire belli rafforza la propria autostima e sicurezza, cosa che non avviene in persone affette da psoriasi che si sentono inguardabili a causa della loro malattia. Chi non risponde agli stereotipi sociali di bellezza è messo da parte attraverso diversi processi e fenomeni, come può avvenire con la stigmatizzazione.

Attraverso il fenomeno sociale della stigmatizzazione si attribuisce una connotazione negativa ad un membro (o ad un gruppo) della comunità in modo tale da declassarlo ad un livello inferiore. Ci sono quattro fasi che portano all'attribuzione dello stigma sociale.[39]

Nella prima fase sono scelte le differenze biologiche, psicologiche o sociali che possono essere utilizzate per discriminare individui; nella seconda fase sono attribuiti degli stereotipi negativi a queste artificiali categorie; nella terza fase si opera una distinzione tra stigmatizzati e non-stigmatizzati. Infine con la quarta fase c'è

---

[39] Goffman E., "Stigma", 1963, traduzione italiana, Verona, Ombre corte, 2003.

l'effettiva perdita di status per l'individuo stigmatizzato.

La maggior parte degli individui soggetti a stigmatizzazione cerca di ribellarsi a questo ingiusto processo, il rifiuto della stigmatizzazione avviene attraverso tre modalità principali: celando gli indizi su cui si fonda lo stigma sociale, attuando tecniche di neutralizzazione volte a giustificare la devianza, specialmente nei casi di devianza sociale ed infine, cercando di organizzare una rete di aiuto comune tra stigmatizzati dello steso tipo.

I tre tipi di difesa sono pienamente attualizzati da soggetti affetti da psoriasi; infatti questi per nascondere la propria malattia tendono a coprirsi con cappelli, pantaloni e maglie a maniche lunghe anche in piena estate.

Mentre le donne si lasciano crescere i lunghi capelli, gli uomini nascondono il viso anche con la barba.

Spesso gli ammalati più gravi si chiudono totalmente in se stessi, non escono di casa, chiudono ogni contatto con il mondo esterno, in tal modo non danno agli altri la possibilità di guardare e giudicare.

Vi è un marchio psico-sociale che diviene a volte ancora più invalidante del sintomo stesso, poiché la cultura dominante in cui si vive richiede un'apparenza gradevole e piacevole, tale mancanza non solo non risulta positiva, ma può assumere addirittura valenza di negatività.

L'identità sociale di un individuo è legata alla conoscenza della propria appartenenza a certi gruppi sociali e al significato emozionale e valutativo che risulta da tale appartenenza.

Il mondo sociale si struttura sulla base di una categorizzazione che serve ad ordinare il contesto.

Tale categorizzazione costituisce un sistema di orientamento che crea e definisce il particolare posto di un individuo nella società.

Potremo dire che per lo psoriasico la malattia diventa una forma di identità sociale.

Ogni individuo appartiene ad un sistema suddiviso in categorie.

L'effetto principale dell'appartenere a un gruppo conduce l'individuo a tentare di mantenere la propria appartenenza ad esso e cercare di aderire ad altri gruppi, se questi possono rinforzare gli aspetti positivi della propria identità sociale.[40]

Nel nostro caso la malattia avrebbe funzione di categorizzazione inserendo l'individuo in un gruppo con caratteristiche di stigma e rifiuto.

---

[40] Michael Billig, Henri Tajfel. "Social categorization and similarity in intergroup behaviour", 1972.

Capitolo II: Il sé attraverso la pelle

2.1 *La pelle : contenitore creatore di legami e scudo protettivo*

La pelle, l'organo più esteso del corpo umano, non è solo importante biologicamente, ma anche psicologicamente.

La superficie del corpo umano è il luogo dove possono generarsi contemporaneamente percezioni esterne e interne, un significato fondamentale nella genesi dell'Io e della sua differenziazione dall'Es.[41]

All'inizio dell'esistenza il fatto di essere accarezzati, stretti e calmati da un contatto

---

[41] Freud S., "L'io e l'Es", 1922, OSF, vol. 9, Bollati Boringhieri, Torino.

cutaneo aiuta il bambino ad edificare un'immagine del corpo e un io corporeo sano, aumenta gli investimenti di amore su se stessi e allo stesso tempo favorisce lo sviluppo dell'amore oggettuale cementando i legami tra madre e bambino.[42]

La pelle è organo determinante nello sviluppo del comportamento umano, intendendo per tatto il contatto soddisfacente, che può avvenire con le carezze, le coccole, gli abbracci, l'aggrapparsi. Il piacere tattile soddisfacente nella prima infanzia svolge un ruolo fondamentale nello sviluppo ulteriore dell'individuo. Il bambino ha bisogno di apprendere sulla solida base del tatto cosa significhino l'intimità, la prossimità, la distanza e il distacco.[43]

La mente emerge dal corpo poiché attraverso la percezione vi è il riconoscimento per il soggetto di esser separato dal mondo esterno.

---

[42] Anna Freud, 1936. "L'Io e i meccanismi di difesa", Firenze, G. Martinelli, 1967.
[43] Montagu A., 1971, "Touching, the human significance of the skin"

Dopo il primo anno di vita compaiono fantasie visive denominate "fantasie sul corpo" che, assieme al graduale consolidarsi dei confini del Sé, porteranno alla formazione nella mente dell'immagine corporea e di una prima immagine del Sé. L'immagine corporea è quindi la rappresentazione mentale del Sé corporeo.[44]

Il corpo come luogo della psiche è delimitato nei suoi confini dalla pelle, il bambino attraverso l'esperienza della superficie corporea, riesce a rappresentare se stesso come un Io capace di salvaguardare i contenuti psichici.

La pelle ha diverse funzioni: respira e perspira, secerne ed elimina, mantiene il tono, stimola la respirazione, la circolazione, la digestione, l'escrezione e la riproduzione[45].

La pelle del bambino è oggetto di cure materne regolari ed attente.

Esiste una vasta gamma di contatti con la pelle del bambino: carezze, sfregamenti, pressioni, palpazioni, piccoli pizzicotti

---

[44] Gaddini E., "Il Sé in psicoanalisi", 1982, Milano, Cortina.

[45] Anzieu D.,1985, "L'io pelle", Roma, Borla, 1994.

ripetuti, contatti per via aerea (il fiato diretto al viso o al corpo del bambino), contatto con le labbra, baci.

Il contatto corporeo ha la funzione di contenimento; la madre sarà sufficientemente buona per il figlio se sarà presente fornendogli contatto, calore corporeo e cutaneo, movimenti e tranquillità in base al bisogno del bambino.[46]

La pelle è il confine che delimita l'essere umano identificandolo, è l'organo della relazione con gli altri come parte visibile, come parte che tocca e viene toccata "conoscendo" e "differenziando" insieme se stesso ed il mondo fuori di sé. Il bambino da piccolo, per esempio, attraverso le esperienze tattili impara a conoscere e a distinguere il proprio corpo dagli altri.[47]

Pelle, dunque, come limite, protezione, difesa, conoscenza e comunicazione tanto che si colora rivelando agli altri le proprie emozioni ed i sentimenti più nascosti.[48]

---

[46] Winnicott D. 1960, "Sviluppo affettivo e ambiente", Armando Editore, 1983.
[47] Anzieu D. "L'io pelle", Ed. Borla, 1987.
[48] Scuola di medicina psicosomatica Riza.

Quando, però, per ragioni esistenziali o conflittuali, una persona si nega questa possibilità comunicativa dal punto di vista psicologico, magari non volendo prendere coscienza di emozioni o sentimenti che in qualche modo danno fastidio, in una prospettiva psicosomatica, la sua pelle facilmente diviene il palcoscenico dove si rappresenta questa sorta di dramma interiore.

La rabbia, per esempio, vissuta e non manifestata apertamente, può affiorare sulla pelle attraverso reazioni eczematose. Il rossore ed il bruciore diventano una sorta di manifestazione somatica di un "fuoco" interiore che, non trovando altro modo di esprimersi, sale in superficie irritando ed infiammando la cute.

Così, proprio per la psicosomatica, la psoriasi può essere letta, da un lato come l'iperproduzione di squame, tentativo di iper-proteggersi formando una sorta di corazza, e dall'altro come il ciclo di rinnovamento cutaneo molto breve, tentativo non riuscito di "cambiar pelle", di rinnovarsi, magari su altri riferimenti esistenziali diversi da quelli attuali. Ciò porta inevitabilmente ad una chiusura verso gli altri, in una sorta di difesa per non essere guardato e giudicato.

La pelle è il confine che delimita e comunica le relazioni con gli altri, come l'arrossire in situazioni d'imbarazzo, richiama investimenti libidici sia narcisistici sia sessuali. E' la sede del benessere e della seduzione. Procura dolore e piacere. Nella sua nudità la pelle materializza il nostro spogliamento, ma anche la nostra eccitazione sessuale.

Essa nella sua fragilità e vulnerabilità traduce la nostra indigenza originaria, maggiore di quella di tutte le altre specie e nello stesso tempo la nostra elasticità di adattamento e di evoluzione. Separa ed unisce le differenti sensorialità separando soprattutto, il mondo interno da quello esterno.

Nella malattia, il vissuto col mondo esterno come ostile fa sì che la pelle ispessendosi diventi una sorta di corazza difensiva.

Questa stessa corazza rende però il proprio aspetto meno gradevole all'altrui sguardo, risulta perciò difficile potersi guardare serenamente allo specchio e guardarsi negli altri.

Dal mito di Narciso possiamo capire l'importanza della propria immagine riflessa, del potersi guardare ed ammirare senza timore di vedere, nel riflesso, un'immagine che non ci piaccia.

Così come sul fiore narciso le macchie rosse possono rappresentare unicità e bellezza, sulla persona, sul volto, sulle mani, sulla braccia connotano invece una deturpazione.

Un volto macchiato, infatti, crea i presupposti per non potersi specchiare nell'altro, e il timore di essere osservati con curiosità, disgusto o disprezzo.

Dal punto di vista individuale è evidente come la malattia, compromettendo l'estetica, possa incidere sulla vita di relazione, sul piano affettivo, lavorativo ed economico e pregiudicare l'equilibrio psichico dei soggetti affetti.

E' evidente che le malattie dermatologiche e le lesioni, che compromettono l'estetica del corpo, costituiscono un forte impedimento ai rapporti sociali, tali da pregiudicare l'equilibrio psichico delle persone che ne sono colpite e da richiedere, a volte, il ricorso a terapie di sostegno psicologico.[49]

---

[49] Rowatt W. C., Cunningham M. R., Druen P. B., 1999, Lying to get a date: The effect official physical attractiveness on the willingness to deceive prospective dating partners, "Journal of Social and Personal Relationships" 16, 209-223.

2.2 Il sé nel processo sociale

Il Sé è costituito da una componente esogena di origine sociale il Me, e da un'altra endogena rappresentata dall'Io.

L'Io ed il Me sono come elementi costitutivi del Sé, esso opera una distinzione fra l'Io creativo ed il Me conformista.

Le idee di un individuo convenzionale sono le stesse di quelle dei suoi vicini; in queste circostanze egli non è niente più che un Me, i suoi sono soltanto degli adattamenti superficiali.

In contrapposizione al Me, esiste il soggetto che ha una personalità ben definita, che replica all'atteggiamento organizzato in un modo significativamente differente, in questo soggetto è l'Io dominante.

L'Io incarna i fattori diversificanti e costruttivi del Sé. L'approccio innovativo che ogni soggetto può adottare di fronte a qualsiasi problema posto dalla vita sociale.

Il Me, al contrario, riflette proprio quelle informazioni di riconoscimento e disconferma che emergono nei rapporti interpersonali.

Gli ammalati di psoriasi, spesso, rimangono intrappolati nell'adattamento superficiale che il Me mette in atto nell'impossibilità che l'Io, con risposte creative, affronti le disconferme sociali a cui è sottoposto il Sé.

Il Sé finisce col rappresentare il frutto di una tensione dialettica fra queste due polarità: esogena ed endogena. È la conversazione fra l'Io e il Me a costituire lo spazio di sviluppo del Sé.

Il Sé di un soggetto si struttura sulla base dei giudizi e dei segnali di riconoscimento o di diniego che gli altri gli indirizzano. Naturalmente, ciò avviene solo all'interno di un contesto sociale in cui esiste interazione fra il soggetto e gli altri, in cui esiste cioè una rete di contatti primari e secondari.

Il Sé, quindi, avrebbe il significato di un processo i cui protagonisti sarebbero l'individuo e la società, quello che egli definisce col termine di "altro generalizzato". La sua natura appare di tipo processuale, e precisamente di tipo dialettico, dove entrano in gioco fattori soggettivi, ma anche il mondo sociale, sia come rappresentazione dell'altro, sia come sistema di relazioni nel senso reale del termine.[50]

L'individuo può essere considerato nella duplice veste di attore e di personaggio dove il sé è il frutto di una costruzione sociale che si genera e si produce nei processi interattivi.

Come personaggio l'individuo produce un'immagine con le sue qualità positive ideali e stereotipiche che devono essere evocate dalla rappresentazione.

Come attore, il suo scopo è di perpetuare una particolare definizione della situazione ed una versione della realtà.

Nella nostra società il personaggio che uno rappresenta e il proprio sé sono in un certo modo identificati. Il sé, in quanto personaggio, è in genere visto come

---

[50] Mead G. H.. Mind, "Self, and Society". Ed. by Charles W. Morris. University of Chicago Press.1934.

qualcosa che alberga nel corpo di colui che lo possiede.[51]

Il pubblico attribuisce un significato sociale all'esistenza dell'individuo.

Esiste uno spazio intermedio fra la definizione del Sé e l'interazione definito nel concetto di faccia.

La faccia di una persona non è evidentemente qualcosa che fa parte del suo corpo, ma piuttosto qualcosa che è diffuso nel flusso degli eventi che hanno luogo durante l'incontro e che diviene manifesto soltanto quando di questi eventi sono interpretate le valutazioni che in essi sono espresse.[52]

La faccia contraddistingue il senso che la società attribuisce alle varie modalità espressive del Sé.

Una volta acquisita una faccia l'individuo se ne appropria come se fosse di sua proprietà, ma così non può essere in quanto

---

[51] Goffman E. La vita quotidiana come rappresentazione, 1969, ed. Il Mulino, p. 288.

[52] Goffman E., Relations in Public: "Micro studies of the Public Order". Relazioni in pubblico. "Microstudi sull'ordine pubblico", traduzione di Davide Zoletto, collana «Studi», Bompiani, 1981.

i processi sociali d'interazione possono revocarla o modificarne sostanzialmente le connotazioni.

Una volta che ci si ammala di psoriasi, la vecchia faccia "pulita" è sostituita dalla nuova faccia "deturpata" dalla malattia.

A partire dal concetto di Sé e di Faccia possiamo concentrare l'attenzione sul valore delle interazioni sociali (faccia a faccia) e sul potere regolativo che esse hanno sul piano dei comportamenti e delle espressioni simboliche che appaiono a livello dello scambio relazionale.[53]

Il concetto di sé non può maturare senza un senso di controllo personale.

Ci si riferisce alle credenze di una persona circa il controllo degli eventi della propria vita utilizzando il concetto di "Locus of control", traducibile con "luogo del controllo".

---

[53] Goffman E. Strategic Interaction, in "Modelli di interazione", traduzione di Dina Cabrini, collana «Testi e studi», Il Mulino, 1969, pp. 485. "L'interazione strategica", traduzione di Dina Cabrini e Vittorio Mortara, collana «Saggi», Il Mulino, 1988, pp. 176.

In particolare, coloro che credono di poter avere un controllo sugli eventi della propria vita, con i propri sforzi, i propri impegni, le proprie capacità, possono determinare quanto accade loro.

Tali soggetti sono definiti persone con un locus of control interno.

Viceversa persone che percepiscono di non aver alcun controllo sulla propria situazione di vita e che credono che gli eventi siano determinati da forze esterne come la fortuna, la malattia, la sorte e dall'influenza di altre persone significative e potenti, sono definite persone con un locus of control esterno.[54]

---

[54] Nelle scienze psicologiche, il termine di derivazione anglofona Locus of control (locus interno), indica la modalità con cui un individuo ritiene che gli eventi della sua vita siano prodotti da suoi comportamenti o azioni, oppure da cause esterne indipendenti dalla sua volontà. Sono state individuate due tipologie di locus of control.
Interno: del quale fanno parte gli individui che credono nella propria capacità di controllare gli eventi. Questi soggetti attribuiscono i loro successi o insuccessi a fattori direttamente collegati all'esercizio delle proprie abilità, volontà e capacità.
Esterno: del quale fanno parte coloro che credono

che gli eventi della vita, come premi o punizioni, non sono il risultato dell'esercizio diretto di capacità personali, quanto piuttosto dovuti a fattori esterni imprevedibili quali il caso, la fortuna o il destino.

Il costrutto del "luogo del controllo interno/esterno", fu sancito per la prima volta nel 1954 da Julian B. Rotter, uno psicologo statunitense che sviluppò le teorie del "Social learning theory e del Locus of control", diventati importanti sistemi di riferimento della psicologia, in relazione allo studio della personalità degli individui.

Capitolo III: L'intervista

3.1 L'intervista narrativa

Nel panorama dei metodi usati nella ricerca in psicologia, l'intervista ed il questionario rappresentano due strumenti ampiamente diffusi per la raccolta delle informazioni. Entrambi sono caratterizzati da pregi e difetti specifici riconducibili alla fondamentali differenze nella loro struttura.

L'intervista, nella forma vis-à-vis, si presenta come interazione diadica tra intervistatore ed intervistato, flessibile nella sequenza e nella forma di come le domande sono poste.

Il questionario, invece, si presenta come sequenza prestabilita di domande, invariabile per l'intero campione, in cui le risposte ottenute da ciascun individuo possono essere comparate in maniera puntuale con le risposte fornite dagli altri soggetti del campione. La diversità di struttura dei due strumenti ne determina un uso differenziato in relazione agli scopi della ricerca.

Bisogna tenere in considerazione la tipologia di informazioni che si vogliono ricercare e la conoscenza del ricercatore in merito all'argomento oggetto di studio.

La plasticità dell'intervista la rende uno strumento in grado di ottenere elevati livelli di approfondimento, giungendo a rilevare le ragioni del comportamento, i legami tra i comportamenti e le credenze profonde di un individuo.

Il questionario permette di rilevare i dati più superficiali come gli atteggiamenti del soggetto. Risulta, però poi, inadatto per indagini esplorative poiché al soggetto è presentato un ordine predeterminato di contenuti a cui rispondere.

Il questionario inoltre può apparire al soggetto a cui è sottoposto come una situazione artificiosa, innaturale che induce nel soggetto la spiacevole sensazione di essere esaminato.

I questionari, come il P.A.S.I., lo Skindex-29 e lo Skindex-17, offrono la possibilità di avere a disposizione i dati in maniera aggregata e classificabile in classi di appartenenza, ove la definizione delle categorie di risposta è già data.

Si potrebbe anche costruire il questionario a partire dall'intervista, ma anche ciò non darebbe ulteriore significato alla storia narrata.

Al contrario, l'intervista è una situazione più naturale in cui l'intervistato può essere facilitato dall'abilità dell'intervistatore ad affrontare o approfondire le tematiche più delicate.

Esistono diversi tipi di interviste che possono essere effettuate in base alle modalità di conduzione, alle tecniche utilizzate o a ciò che si vuole conoscere.

Attraverso la semplice intervista si dialoga con l'intervistato in merito a quelle tematiche proposte dal ricercatore esplorando i significati che l'intervistato ritiene maggiormente interessanti.

Un particolare tipo di intervista è quella narrativa che non solo riflette il flusso di significati che la persona utilizza per dare senso alle situazioni, ma consente di accedere alle situazioni stesse, quindi di poter osservare direttamente attraverso gli occhi del soggetto.[55]

Si può affermare che l'intervista narrativa rappresenti uno strumento di rilevazione dell'esperienza personale che contiene sia la possibilità di vedere le situazioni attraverso l'osservazione, sia di comprenderne i significati attraverso l'ascolto.

L'intervista narrativa è caratterizzata dal ruolo attivo dell'intervistatore, dalla durata dell'interazione e dalla definizione del formato del materiale atteso.

L'intervistatore, essendo attivo nella sua funzione, sceglie quando e come inserirsi nel processo narrativo potendo intervenire, sostenere, focalizzare ed ampliare il racconto. In questo tipo di intervista egli

---

[55] Denzin, NK & Lincoln, YS. 1994. "Introduction: Entering the field of qualitative research." In NK Denzin and YS Lincoln Eds) "Handbook of Qualitative Research" (pp. 1-17). Thousand Oaks: Sage Publications.

non è neutro, ma partecipa in maniera consapevole controllando il proprio intervento senza mai influenzare il contenuto[56].

La durata dell'intervista narrativa è maggiore rispetto ad altre interviste, poiché essa spazia in un arco temporale da mezza giornata fino a due o tre giorni, permettendo così all'intervistato di attingere alla propria memoria personale scavando in profondità, ripetendo a volte cose già dette, modificando le versioni, divagando e ampliando i suoi punti di vista.

L'intervistatore chiede all'intervistato, con esplicita consegna, di raccontare gli episodi della propria esperienza che considera significativi in riferimento all'oggetto di ricerca. La produzione dei racconti avrà alcune regole come la definizione di uno scenario, di personaggi, di soluzioni[57].

---

[56] Boje 1991, Gabriel 2000; Lieblich, Tuval-Mashiach, Zilber 1998. Gabriel, Y. 1998. "The use of stories". In G. Symon and C. Cassell Eds. "Qualitative methods and analysis in organizational research: A practical guide". 135-160. Thousand Oaks, CA: Sage.

L'intervistato sarà così libero di narrare la propria storia utilizzando un "canone" condiviso a priori con l'intervistatore.

L'intervista narrativa di tipo autobiografico può essere avvicinata ad un colloquio clinico, tuttavia la differenza fra i due approcci è legata al ruolo differente che riveste chi prende l'iniziativa nel colloquio.

Nel colloquio clinico l'iniziativa è presa dal narratore che chiede esplicitamente ad un terapeuta di poter raccontare la propria esperienza; un colloquio clinico quindi nasce dalla volontà del narratore.

Nel caso dell'intervista, invece, cambia il setting: è l'intervistatore che deve stimolare l'intervistato a formulare un racconto.

---

[57] Propp, V., Morphological skazki, Leningrad, Academia, 1928, trad. it. "Morfologia della fiaba", Torino, Einaudi, 1966. Greimas, A. J., Du sens II, Paris, Seuil, 1983, trad. it. *Del senso 2*, Milano, Bompiani, 1984.

3.2 L'interpretazione dell'intervista narrativa

Il fine ultimo dell'indagine narrativa sulla vita umana sono l'interpretazione e l'esperienza, la soggettività domina il processo di narrazione autobiografica, una ricerca di significato attraverso l'interpretazione, che si contrappone agli approcci della sperimentazione scientifica, la cui finalità è scoprire delle leggi.[58]

L'interpretazione riguarda il significato e la validità. Molto spesso, però, il significato e la validità della narrazione autobiografica non sono gli stessi per il narratore e per chi ha raccolto la sua storia. Importante nell'interpretazione è validare il racconto in sé e spiegarne il significato. Anche la conoscenza tra il narratore e l'intervistatore

---

[58] Josselson R., Lieblich A., "The narrative study of lives", Vol 3. Interpreting experience, Thousand Oaks, CA Sage, 1995.

influenzano la qualità della narrazione, ciò che conta è un'assenza di tensione tra i due.

Nell'intervista autobiografica l'intervistato diventa il narratore della vicenda, mentre l'intervistatore funge da guida o da facilitatore del processo. I due soggetti collaborano tra di loro nel comporre e costruire una storia che può dare soddisfazione al narratore.

Sebbene l'intervista autobiografica si possa approcciare scientificamente, essa va effettuata come una sorta di attività artistica.[59]

Sapere e capire, come si dispiega il processo narrativo nell'ambito dell'intervista, può essere determinante quanto il contenuto delle domande prescelte dall'intervistatore.[60]

Nell'intervista autobiografica ci sono pochissime domande a cui si può rispondere con precisione, poiché l'obiettivo è di mettere l'intervistato in condizioni di elaborare soggettivamente gli eventi, di rievocare quello che ha provato in quelle

---

[59] Atkinson R. 2006, "L'intervista narrativa", Raffello Cortina Editore.
[60] Holstein, Gubrium, "The Active Interview", A sage University paper. 1995.

circostanze e magari anche ciò che prova a distanza di anni. Lo stesso racconto autobiografico non sarà mai registrato in maniera identica da due ricercatori, poiché i dati narrati possono essere analizzati in diversi modi a seconda delle finalità del ricercatore.

Anche in presenza di direttive generali per effettuare l'intervista, mai due persone effettueranno l'intervista autobiografica allo stesso modo. La trascrizione e l'interpretazione della stessa, però, sarà unica e specifica, basata su una selezione di diversi criteri e scelte.

L'intervista narrativa è frutto di un rapporto estremamente personalizzato, l'analisi del racconto autobiografico è soggettiva e dipendente dalla qualità e dalla profondità dell'interscambio personale, oltre che dalla teoria che si potrebbe applicare al contenuto della narrazione. Tra i due soggetti, narratore ed intervistatore, si sviluppa una reazione creativa, che influenza ciò che è raccontato, e persino il modo in cui gli avvenimenti sono raccontati. Quanto più è consolidata e amichevole la relazione tra i due, generalmente è più ricco e consistente il racconto.

Vi sono più prospettive possibili, ogni narrazione redatta da un intervistatore diverso, rappresenterà sempre una determinata posizione, rimanendo sempre fedele al suo racconto.[61]

La narrazione non è una semplice registrazione di tutto ciò che è accaduto nella propria vita.[62]

Raccontare la propria storia è raccontare il proprio punto di vista con un approccio prettamente interpretativo. Non ci sono delle procedure formali per la determinazione della validità narrativa in quanto il processo è estremamente soggettivo, ma c'è un'importante indicatore standard che può essere utilizzato: la coerenza interna. Il modo in cui la vicenda personale è raccontata rappresenta l'interpretazione più coerente sul piano interno di come il soggetto interpreta

---

[61] Frank, 1980; Runyan, 1982, "Handbook of review research", ed. Sage Publication, 2001.
[62] Riessman, C.K. 1993. Narrative Analysis. Qualitative Research Methods, Series, No. 30. Newbury Park, CA: Sage.

attualmente il passato, il presente e il futuro prevedibile.[63]

Ciò che è detto in una parte della narrazione non dovrebbe contraddire ciò che è detto in un'altra parte. Nella vita ci sono delle incongruenze per cui la gente reagirà una volta in un modo e una volta in un altro, ma la narrazione degli eventi e delle azioni compiute dal soggetto dovrebbe mostrare una coerenza interna.

La coerenza interna è un indicatore fondamentale di qualità, che può essere usato sia dall'intervistatore sia dall'intervistato mettendo a confronto i commenti iniziali con quelli successivi, se sono difformi.[64]

La narrazione deve risultare organica, trascritta in un testo che sia chiaro per chi la racconta, la scrive e per chi la legge.

Si dà significato alla propria vita collegando gli eventi con una connessione e dal racconto emerge questa direzionalità.[65]

---

[63] Coheler B.J. Adversity, "Resilience, and the Study of Lives", University of Chicago, 1982.
[64] McCracken G., "The Long Interview", A Sage University paper, 1988.
[65] Gergen, Kenneth J.; Gulerce, Aydan; Lock,

Per ciò che concerne la coerenza esterna, una corrispondenza tra ciò che è detto, tra ciò che si sa o si pensa di sapere sulla persona che racconta la vicenda, non è sempre una misura valida; questo perché non si è alla ricerca della verità storica ma dell'esperienza o della prospettiva del narratore in merito ai fatti raccontati. L'approccio narrativo dà importanza alla coerenza interna così come vissuta dal soggetto, e non si basa sui criteri di verità o validità esterna.

Andrew; Misra, Girishwar "Psychological science in cultural context". American Psychologist, Vol. 51(5), May 1996, 496-503.

3.3 Dove le storie sono più intense: l'ospedale

In caso di interviste a pazienti con psoriasi, è importante il luogo dove sono svolte le interviste.

Per un ammalato soggetto a più ricoveri ospedalieri, durante l'arco della sua vita, sicuramente l'ospedale è un luogo molto particolare con plurimi significati poiché il paziente entra in un ordine sociale nuovo a lui sconosciuto, dove deve relazionarsi al personale medico ed infermieristico, sottoporsi ad esami e test, essere collaborativo e passivamente disponibile a tutti gli accertamenti medici che saranno decisi per lui, al protocollo medico che sceglierà per lui il dermatologo.[66]

Ne consegue un impatto psicologico che si può manifestare con reazioni difensive come: ansia, aggressività, regressione,

---

[66] Gammon, "The psychological impact of isolation", 1998.

depressione, isolamento, le quali fanno parte di un processo di adattamento alla realtà.

In ospedale, molte volte, non conta quanta gente possa venire a trovarti, a farti compagnia e a darti il suo sostegno: si crea una distanza tra coloro che sono sani e chi è ricoverato, una sorta di spazio quasi infinito. Inoltre, nella vita di un ammalato di psoriasi, è facile che ciò accada più volte per via dei molteplici ricoveri.

L'ambiente fisico dell'ospedale provoca ansia ed irritazione, senso di minaccia, frustrazione e depressione, per una serie di fattori: lontananza dalla famiglia, abbandono delle vecchie abitudini, organizzazione e orari ospedalieri, rumori, limitazione del proprio spazio ed infine perdita della propria intimità.

Dal momento in cui si entra in ospedale il paziente già preoccupato della sua malattia, e quindi pieno di ansie, è obbligato a sperimentare una serie di situazioni nuove come: indossare un pigiama rinunciando così ai suoi simboli di identità personale quali i vestiti, fare conoscenza con gli altri degenti presenti nella sua stanza.

L'ansia è un vissuto molto comune poiché si può manifestare in relazione a tutti gli aspetti e le fasi dell'ospedalizzazione. Si esprime attraverso alterazioni fisiologiche come quella del sonno, elevati livelli di eccitabilità ed irritabilità.

L'aggressività può essere una reazione al vissuto d'ansia, alla paura delle diagnosi e terapie, ma più in generale alla percezione che i propri bisogni e necessità non siano capiti e soddisfatti.

Per regressione s'intende il ritorno ad uno stadio di sviluppo precedente con l'attuazione di comportamenti tipici di tale stadio con un atteggiamento passivo e dipendente dalle cure degli altri.

Dobbiamo ricordare che, essendo la psoriasi una malattia cronica e richiedendo, pertanto più ricoveri durante la vita, l'ospedalizzazione alla lunga può causare un indebolimento della spinta motivazionale del paziente nei confronti del suo iter terapeutico aumentando il suo senso di incertezza verso l'idea di poter guarire.

Il ricovero assume il significato di accudimento, è un holding, poiché configura uno spazio fisico e mentale che separa il paziente ricoverato dal mondo esterno; il soggetto si fa così accudire e curare.

Tuttavia, ad uno studio effettuato in un reparto di degenza dell'I.D.I. (Istituto Dermopatico dell'Immacolata di Roma), i soggetti psoriasici non hanno manifestato aggressività e sono risultati collaborativi.[67]

I soggetti con psoriasi tendono ad evitare-negare i sentimenti ed i conflitti, non mostrano un'adeguata intensità emotiva ai racconti che hanno esposto. Il tratto psicologico che emerge è l'asocialità dovuta ad un'ansia legata ai rapporti umani a causa

---

[67] Somministrando un test sull'autovalutazione e sulla percezione di Sé, è risultato che il 63% considerava la propria vita stressante ed ansiosa, il 37% rilassata e tranquilla e ben il 95% dei soggetti si vergognava e provava disagio nelle relazioni con gli altri.

L'80% dei pazienti ha riferito che la psoriasi si è alleviata in seguito ad un ricovero successivo ad un evento stressante, assumendo così il ricovero un ruolo significativo nella diminuzione dello stress emotivo, ma divenendo inadeguato se al suo termine non si era attenuato l'evento.

del timore di essere giudicati negativamente dagli altri.

Capitolo IV: Nel profondo mare

4.1 Guardandosi allo specchio

Avendo questa malattia ho deciso di approfondire la mia conoscenza sulle problematiche e le complicazioni che essa comporta. Capire le difficoltà del vivere quotidiano che ogni ammalato incontra e di come le affronta.

La psoriasi, durante l'arco della vita, richiede innumerevoli ricoveri ospedalieri.

Essa provoca la sofferenza ed il bruciore della pelle, il non potersi vestire come si vuole, l'assunzione di farmaci per tutta la vita, mani evitate nel salutare qualcuno, essere guardati come un mostro o una persona infettiva, essere schivato di proposito e subire sguardi pietosi o di disgusto.

La psoriasi non è una malattia mortale, ma è inguaribile. Nei casi più gravi, quando si esce di casa, molte volte si entra nello stigma. Essa è una patologia fisica che comporta un disagio psicologico che va oltre la comprensione delle persone che non ne sono affette.

La psoriasi lesiona la pelle lasciando delle cicatrici non solo fisiche, ma anche psicologiche e sociali.

Per approfondire la conoscenza di questa malattia, non solo ho studiato su testi e manuali, ma al fine di conoscere il vissuto degli ammalati, la sofferenza che si nasconde sempre all'estraneo, la difficoltà del vivere quotidiano, ho effettuato diverse interviste narrative a pazienti ricoverati in ospedale.

Le interviste agli ammalati le ho effettuate nell'arco di due anni: in una prima fase da studente in psicologia ammalato di psoriasi, nella seconda da psicologo.

Cercare di comprendere cosa nasconda ognuno dentro di sé, la difficoltà nel vivere ogni giorno e sapere quali siano i momenti critici da superare e perché, è stato il mio obiettivo principale.

Partendo dalla lettura del mito di Narciso, possiamo comprendere quanto sia importante e possa divenire pericoloso vedere la propria immagine riflessa.

Narciso non appena vide, per la prima volta nella sua vita, la sua immagine riflessa s'innamorò perdutamente del bel ragazzo che stava fissando, senza rendersi conto che fosse lui. Solo dopo un po' si accorse che l'immagine riflessa gli apparteneva, ma a differenza del giovane, una persona con psoriasi quando si riflette in uno specchio non potrà mai vedere bellezza.

Le reazioni degli altri, in particolare se l'area colpita dalla malattia è visibile, spingono molti ad isolarsi: il dolore, il prurito e la durata delle cure possono solo peggiorare la qualità della vita.

Tutto ciò comporta una ridotta autostima, l'alterazione dei rapporti interpersonali e numerose limitazioni nelle attività lavorative, culturali e sociali.

Attraverso i racconti dei pazienti intervistati in questi anni di lavoro, risulta chiaro che il malato di psoriasi non può e non potrà mai vedersi bello.

Tante sono state le interviste, ognuna però è risultata significativa e caratteristica per contenuto.

Nell'impossibilità di riportarle tutte interamente, ne cito alcune che, comunque, riescono a ben esprimere il vissuto, il dolore, le difficoltà e le sofferenze degli intervistati.

Caterina[68] è una giovane donna, dal fisico esile e dal sorriso spento.

Più volte mi è capitato di vederla piangere mentre parlava con qualcuno.

In un primo momento non voleva partecipare all'intervista, poi ci ha ripensato dicendo che aveva necessità di sfogarsi con qualcuno che potesse comprendere il suo dolore.

Nell'intervista esprime in modo semplice ed efficace come si sente psicologicamente un ammalato di psoriasi, egli ha il bisogno di

---

[68] I nomi delle persone intervistate per privacy sono stati sostituiti con altri di fantasia.
Caterina è una donna sposata di 26 anni, casalinga. Intervistata da me come ammalato.

evitare gli sguardi estranei poiché solo chi conosce la malattia può capire e comprendere. Caterina, comunque, sebbene abbia la malattia da diversi anni, non l'ha ancora accettata.

… In questo periodo sto proprio rovinata sia con il mio corpo sia con me stessa, non sto proprio bene, mi sento la psoriasi anche interiormente, sto male con me stessa. Mi chiedo perché proprio a me? Perché mi è capitata questa malattia? La potevo evitare?

Desidererei che questa malattia scomparisse, ho pensato anche di andare a Lourdes, con l'acqua santa per guarire … solo chi ha la malattia ti può capire, chi non l'ha può vedere la pelle infiammata, il bruciore, intuire la sofferenza, ma non ti può capire, uno la deve avere per poterlo capire.

Ora sono a mio agio sapendo che tu la conosci e quindi mi puoi capire, ma se parlo con uno che non l'ha e che non la conosce è come se parlassi col muro, ti guarda dice di capirti, ma alla fine … non ti può capire!

… Ci sono giorni che non mi posso truccare, ho il viso arrossato, macchiato, se mi guardo allo specchio sembro un pagliaccio, più che aggiustarmi vado a peggiorare. Quando sto rovinata non mi sento a mio agio, non voglio stare con gli altri, evito i contatti con tutti, mi chiudo in casa sola con me stessa …

… La mia vita è cambiata moltissimo da quando ho la malattia, nella vita sessuale, nella vita comune, nella vita con le persone che frequento. La psoriasi ti cambia, a me mi ha cambiata moltissimo. Sto cercando di imparare a conviverci, ma è difficile perché non si può convivere con una cosa che fa male …

La malattia comporta il non stare bene con se stessi, perché un fattore importante come la bellezza, scompare del tutto.

Perciò negli ammalati di tale patologia nasce il bisogno di nascondersi dagli sguardi degli sconosciuti e talvolta anche dagli sguardi di persone care.

La sfera emotiva e sentimentale dell'ammalato di psoriasi è intaccata fortemente e diviene molto fragile. Ogni minima difficoltà o imprevisto della vita spesse volte è vissuto con estrema difficoltà.

Giulia[69] è una donna di mezza età, con qualche chilo di troppo causato dal troppo mangiare per placare gli stati ansiosi causati dalla patologia.

A primo impatto si nota subito il sorriso simpatico che mette allegria, ma con il procedere dell'intervista quel sorriso scompare lasciando il posto al pianto e al dolore dei ricordi.

Giulia ha detto di non sentirsi più donna come lo era prima della malattia.

… I primi tempi con mio marito cercavo di stare al buio. Ancora ora nei momenti intimi, spengo la luce perché non voglio farmi vedere. Con queste "cose" addosso non sono come le belle donne, mi sento inferiore…

Mi trascuro perché anche se mi trucco, questa malattia è sempre con me…

---

[69] Donna di 51 anni, casalinga, intervistata da me come psicologo.

Mi sento inutile, mi sento di non avere più niente di donna … Mi devo nascondere, mi sento osservata se vado a fare la spesa e prendo il pane con queste mani.

Mi sento male e allora non mi controllo su niente, addirittura prima stavo diventando come un barbone, non mi lavavo nemmeno più …

Io caratterialmente sono molto allegra, nei momenti in cui sono stata pulita con la pelle, ero contenta. I miei figli mi dicevano di andare al mare magari anche in topless ed io ho sempre risposto che per me ci vogliono la fune e l'ancora, altro che perizoma perché sono grassa, ora che sto così piena di queste cose, è meglio non vedere nessuno, preferisco stare isolata, ho anche il cellulare sempre spento.

Sto meglio se non mi guardo allo specchio, sto meglio se sto sola. Se parlo con qualcuno mi sento sempre osservata.

Non dico quello che ho neanche ai parenti perché per ignoranza credono che mischi, dico che ho un'allergia.

Dentro mi sento male, un animale lo vedo meglio di me, io cerco di stare sola per piangere. Sono andata una volta dal parrucchiere e il ragazzo mi ha chiesto se queste cose mischiavano, non ci sono andata più.

Mi sono sentita male come i poveri lebbrosi, mi sono sentita male e diversa dagli altri, quando esco da qua, non esco a fare la spesa si deve togliere prima questo…

Ho parlato della bellezza che influenza l'autostima, ciò avviene non solo per le donne, ma anche per gli uomini, che a causa della malattia hanno cambiato le loro abitudini, i modi di fare e di essere, così come racconta Luigi.[70]

Ho questa malattia che è una cosa che non si toglie più, la dobbiamo portare addosso comunque, io ci vivo con questa malattia, riesco a gestirla a modo mio anche se purtroppo crea molti fastidi.

Molte volte quando andavo in pullman le persone si allontanavano da dove stavo io. Molte volte a lavoro ho notato che quando

---

[70] Uomo di 57 anni, ferraiolo, intervistato da me come psicologo.

saluto qualcuno stendo la mano, loro o la tirano indietro o mi danno una pacca sulla spalla, sono convinto che chi mi ha dato qualche volta la mano sarà andato subito a lavarsi.

Anche al mare in acqua i bambini si allontanavano da me, quando stavo con più croste non scendevo in spiaggia, restavo a casa a cucinare, andavano solo mia moglie e i miei figli.

Nel periodo estivo mi tocca camminare con i pantaloni lunghi e la camicia abbottonata, non è normale d'estate, ma purtroppo lo devo fare.

Mi piacerebbe, e m'innervosisce quando ci penso, poter andare a scuola di ballo, ma non posso, devo esporre le mani.

Se mi fermo a pensare ricordo che io nella mia vita non ho avuto mai neanche un brufolo e poi con questa malattia a venticinque anni mi sono sentito ad un tratto brutto. Con le ragazze non ne parliamo proprio, pensavo guarda cosa succede, è brutto, è proprio brutto.

Ancora oggi quando sto a casa mia mi metto vergogna con mia moglie. Nel letto mi metto a togliere le croste che cadono, a volte prendo l'aspirapolvere e pulisco per tutta la casa per non dare fastidio, molte volte mi dico: guarda un po' cosa si deve fare, dove si è arrivati.

… Quando ero giovane ero fissato con la manicure, ora non lo posso fare più e mi sono detto che non sono più come una volta. I miei figli si fanno la manicure, vanno dal barbiere, sono curati.

Ricordo che quando ero giovane come loro lo facevo anch'io e vorrei poterlo fare ancora …

Tale patologia, nei casi gravi, comporta una vera e propria esclusione sociale. L'ammalato si sente costretto per un periodo a non uscire più di casa, con conseguenti difficoltà lavorative.

Ecco il pensiero di Eugenio.[71]

Ci siamo conosciuti mentre eravamo in fila all'accettazione per il ricovero, indossavamo ancora i nostri abiti.

---

[71] Uomo di 37 anni, militare, intervistato da me come ammalato.

Familiarizzare, successivamente, nei corridoi dell'ospedale, pur essendo in stanze diverse, è stato immediato.

Sapendo della mia ricerca è stato il primo ad offrirsi come volontario perché voleva raccontarmi la sua storia, dirmi quante più cose possibili.

Fra noi si è creata una forte intesa, una complicità. Sembravamo due amici in una stessa trincea uniti da una grande forza contro il comune nemico.

… Il problema è dell'immagine, sulla mia divisa le squame si vedono maggiormente. Quando sto di fronte ad una persona e ci parlo, mi guarda sulle spalle e non in faccia, non mi pensa e mi sento in imbarazzo.

Per motivi di lavoro devo avere i capelli corti e quando ho queste chiazze rosse, noto che con chi lo sa, come i miei colleghi, sono sereno, ma se arriva qualcuno che non lo sa, fa una faccia strana, disgustata ed io m'innervosisco.

Ci sono molte persone che hanno una doppia faccia, davanti fanno finta di niente perché gli fa comodo e ti vengono vicino, ma poi dietro fanno commenti con altri dicendo che uno non si lava, ha la forfora.

Una volta un collega mi ha discriminato per quello che avevo sulla pelle, mi ha chiesto cosa avevo, magari era scabbia, me l'ha detto con disprezzo!

Ho fatto finta di niente perché ormai sapevo che non era niente di grave, ma mi dava fastidio, mi snervava, mi faceva sentire una schifezza, diverso dagli altri.

In estate mi sento sempre osservato; mi è capitato in palestra, avevo i capelli corti per sanare la pelle, parecchi mi guardavano, mi evitavano e mormoravano fra loro.

Quando stavo sulla pedana e correvo, due donne parlavano tra loro e guardandomi facevano qualche battutina. Non sono riuscito a capire cosa dicessero, però dai gesti e dai movimenti capivo che stavano guardando proprio il fattore che avevo in testa. Ci sono rimasto male, ma ho fatto finta di niente e sono andato avanti.

Per guarire mi vorrei gettare nella vasca di Lourdes, faccio tutte le cure nuove che escono, ma alla fine qualunque cosa decido di fare non va mai bene per un motivo o un altro.

Se sto bene con la testa non me la faccio pesare, diciamo che ci convivo tranquillamente, ma se sto più ansioso mi gratto fino a farmi uscire il sangue, non riesco a trattenermi sul prurito.

Io ho un vantaggio perché ho la psoriasi nelle parti che non si vedono, ci sono persone che l'hanno su tutto il corpo.

Penso ad un domani che andranno a mare e si dovranno spogliare, faranno girare tutta la spiaggia a guardarli …

Nei casi più gravi della malattia, con la presenza delle chiazze in posti visibili la psoriasi da solo o combinata con l'artrite psoriasica,[72] ha indotto molte persone a rinunciare al lavoro talvolta momentaneamente, talvolta in modo definitivo.

Si sono verificati casi di persone ammalate che si sono sentite costrette a

---

[72] E' un tipo di artrite infiammatoria cronica associata alla psoriasi, colpisce le articolazioni. Si manifesta in circa il 5-30% delle persone affette da psoriasi. In Italia vivono circa 12.000-60.000 pazienti affetti da artrite psoriasica.

rinunciare ad un lavoro amato, appagante per uno di ripiego. Questo è stato il caso di Antonio[73] che ha abbandonato il suo lavoro.

La malattia gli ha portato via la soddisfazione di poter mostrare la sua creatività attraverso un lavoro che gli piaceva relegandolo in quella che per lui è divenuta una vita anonima.

... Dopo l'esordio della malattia, ho avuto un piccolo periodo di complessi e di stati d'ansia, mi sentivo inferiore, avevo difficoltà a stare a contatto con la gente, evitavo di dare la mano a qualcuno, evitavo di spogliarmi quando andavo a mare, evitavo perché avevo vergogna di farmi vedere.

Mi sentivo in soggezione per un fatto estetico, mi mettevo da parte, non mi è mai capitato di essere messo da parte, ma avevo io vergogna di farmi vedere.

Dalla comparsa della malattia è cambiato il mio modo di vivere, poi mi sono rassegnato ed ho imparato a conviverci.

---

[73] Uomo di 29 anni, operaio, intervistato da me come ammalato.

Sto molto giù quando ho i dolori e non riesco a camminare bene.

…Ricordo che quando uscì la malattia facevo il parrucchiere, ora faccio l'operaio, non ho potuto più fare la professione perché la psoriasi mi è uscita alle mani, un parrucchiere con le mani così non può lavorare, non mi hanno cacciato, ma ho smesso io.

Se non avessi avuto la malattia avrei continuato a fare il parrucchiere perché è un lavoro creativo ed innovativo, ma la psoriasi mi ha costretto a cambiare lavoro. Dove lavoro ora sono solo un numero che va allo stabilimento, marca il tesserino e se non va è la stessa cosa, perché va un altro al posto mio, si è solo un numero di matricola.

Prima se facevo un taglio di capelli, ed era bello, mi sentivo gratificato, ora non posso fare più le mie creazioni.

Ora cerco di essere creativo quando suono, perché mi piace suonare il pianoforte, ma quando sto grave non posso suonare nemmeno quello e quando non suono è come se ci stesse il morto in mezzo alla casa.

Ora non riesco a stare più a contatto con la gente come stavo prima, evito perché mi dà fastidio farmi vedere e poi ti fanno le domande. Non ne voglio parlare, voglio solo dimenticarla.

Poche settimane fa mi è capitato di stare nello spogliatoio con un collega che conosco di vista, non mi è simpatico a dire la verità, mi vide le mani e mi domandò cosa avessi e io l'ho mandato a…quel paese dicendogli di farsi i fatti suoi. Uno che mi parla per la prima volta, non può chiedere niente.

La psoriasi diviene il motivo di allontanamento, evitamento dell'ammalato dalla società e dal contesto lavorativo. Fa sentire l'ammalato emarginato ed escluso da ogni rapporto sociale così come racconta tristemente Filippo.[74] Ciò avviene perché su tale malattia pesano ancora troppi pregiudizi.

---

[74] Uomo di 34 anni ferrista, intervistato da me come psicologo.

La forma di malattia di Filippo era talmente severa da non permettergli di alzarsi dal letto, aveva la psoriasi in forma grave su tutto il corpo, non riusciva ad alzarsi perché la pelle gli "tirava" ovunque provocandogli dolori atroci.

Sette anni fa ebbi un forte attacco di psoriasi, mi prese prima il cuoio capelluto ed il viso, poi tutto il corpo.

Mi feci crescere il classico barbone tipo Mosè, quella barba era per nascondermi, non uscii di casa per una ventina di giorni.

Ero diventato una crosta vivente. La pelle secca si spaccava e sanguinava, fu una metamorfosi completa.

Il mio modo di vivere è cambiato in questi anni.

All'inizio ci soffrivo e piangevo, una volta andai al bar e il barista mi diede il bicchierino monouso dicendomi che non poteva darmi la tazzina perché non sapeva se ero infettivo o meno.

Un'altra volta, al mare, sempre con la psoriasi abbondante sul mio corpo, entrai in acqua ed una madre subito chiamò i suoi figli per farli allontanare da me.

Anche se oggi affronto meglio la malattia rispetto ad anni fa, non l'ho ancora accettata e mai l'accetterò.

Una volta mi sono sentito malissimo e non per i fastidi e il dolore della malattia che mi provoca, ma per quello che mi fu detto nell'ospedale dove lavoro.

Lavoravo in sala operatoria, avevo la psoriasi sulle mani e usavo sempre i guanti, ma mi fu detto espressamente da una dottoressa che io non dovevo stare in quel posto perché potevo contaminare l'ambiente.

In quel momento mi sono sentito malissimo, ricordo ancora le sue parole: "poi si permettono anche di lavorare in sala operatoria, invece di starsene in un ambulatorio con quelle mani che ha, io non mi farei toccare da lui se fosse il mio ragazzo o il mio uomo". Da una cosa che riguardava il lavoro, lei se ne uscì anche sul personale.

Questo è pesante. Meglio se ti danno una pistola e ti dicono ucciditi che sentire dire una cosa del genere ... Oggi avere trentaquattro anni e stare così steso nel letto senza neanche riuscire ad arrivare in bagno è veramente devastante per la mia mente.

L'aggravarsi della patologia o la comparsa in determinate parti del corpo porta chi ne è affetto ad un ritiro dalla società, come è successo a Gennaro.[75]

Al primo incontro Gennaro è sembrato un uomo stanco, indebolito dalle sofferenze della vita anche se poi, è emerso nell'intervista che ha ancora una forte speranza di ritornare alla normalità.

… Purtroppo quando si lavora con le mani dà fastidio che la gente ti guarda e non riesce a capire che questa malattia non è infettiva.

Io faccio il pizzaiolo, pertanto lavoro con le mani in vista, dà fastidio anche a me che la gente mi guarda e mi fa un senso che purtroppo non so definire…mi fa proprio male.

---

[75] Uomo di 60 anni, pizzaiolo, intervistato da me come ammalato.

…. Quando lavoro caccio fuori le braccia e le mani, ma come posso farlo ora che sto così combinato?Attualmente ho scelto di non lavorare. Come si fa a mettere queste mani su un banco? Io personalmente non me la sono sentita di continuare a lavorare.

Questo ricovero è per riprendere di nuovo il lavoro.

Non ho mai avuto altre malattie, ho avuto solo questa e il disagio è solo il mio.

La psoriasi è quindi una malattia che porta alla stigmatizzazione, all'evitamento da parte di chi è sano, all'isolamento.

In alcuni casi l'evitamento è da parte degli altri, in altri è un auto esclusione. Ascoltando le parole di Lino[76] possiamo comprendere le sue difficoltà del vivere quotidiano, il suo dolore nell'emarginazione.

Lino è un uomo di piccola statura, taciturno, sembra che abbia paura di far sentire la sua voce. Egli è un uomo che vorrebbe vivere tranquillamente la sua

---

[76] Uomo di 51 anni, pensionato, intervistato da me come psicologo.

malattia, ma purtroppo avverte appieno lo sguardo dell'altro e se ne fa condizionare.

In questi anni con la malattia sono diventato più timido verso la gente, specialmente a causa delle mani, se dovevo andare in salumeria, dal tabaccaio mi nascondevo le mani.

… La mia vita è cambiata perché per la psoriasi sono diventato molto più timido. Addirittura dei medici mi hanno chiesto cosa avessi. Qualcuno di loro si è un po' allontanato perché forse non capiva se la mia malattia era infettiva o meno. Solo qualcuno, ma mi è capitato.

Dentro di me ho provato rabbia perché queste cose fanno male. Rabbia solo rabbia, perché la persona dinanzi a me non capiva. Questa è solo una malattia.

A volte qualcuno si è scostato, magari ho dovuto mettere le mani dietro la schiena per non farle vedere, è capitato nei treni, in mezzo alla strada, parlando con qualcuno che non conoscevo proprio…A me la malattia dà fastidio per le mani, se avessi le mani pulite non mi farei tanti problemi.

Una volta ad un matrimonio mi sono sentito in imbarazzo. Molti non capivano, mi guardavano e non potevo mangiare liberamente.

Non ho potuto mangiare, mi guardavano in modo strano, in quel momento mi sono sentito…non lo so, imbarazzato di sicuro.

In questi anni sono andato a mare per accontentare mia figlia, la più piccola. Sono andato con lei, ma con la maglietta addosso, non l'ho tolta perché stavo pieno di macchie sotto.

Non ho resistito a fare il bagno, la tentazione è stata forte, mi sono buttato a mare con tutta la maglia e poi l'ho fatta asciugare addosso.

C'era troppa gente e non mi sono sentito di toglierla.

… A me dà comunque più fastidio alle mani, se avessi le mani libere da questo schifo non mi farei tanti pensieri in testa…

Anche Fortuna[77] si sente osservata continuamente a causa della sua malattia e

---

[77] Donna di 40 anni, casalinga, intervistata da me come psicologo.

sente la sua vita ormai distrutta. I segni del dolore di questa donna sono evidenti, il suo viso non è di una quarantenne, sembra molto più grande, per lei la malattia è stato un ennesimo dolore che si è aggiunto agli altri.

...Mi sento male, mi sento un bruciore addosso, mi sento qualcosa dentro, la mia vita è finita, mi sento male, pure la faccia, non si toglie più.

So che questa malattia diminuisce, ma non si toglie mai, la mia vita è peggiorata, penso che mi voglio buttare giù, o che vado in cucina e...

Anche se la mia vita era brutta prima, dieci anni fa, ora con questa malattia è molto peggiorata.

Ho tanti problemi in famiglia e ora ho un problema in più. Gli estranei ti giudicano, ricordo che nel pullman mi guardavano e mi dava fastidio, mi nascondevo le mani, mi guardavano in modo strano ed io ho detto che non mischiava.

Da sola non esco quasi mai, mi faccio i complessi, a volte lo so ho paura di prendere mio nipote di tre mesi in braccio, lo so che non mischia ma ho lo stesso paura. Quando ho la psoriasi mi chiudo in casa e non esco proprio…

Se la malattia non è in posti visibili perché facilmente nascondibili da indumenti, sembra che non sia affatto un problema come racconta Roberto.[78]

Sebbene per Roberto la malattia non sia mai stata un ostacolo perché la poteva coprire facilmente con il suo cappello, in ospedale ha reso evidente il suo malessere, infatti, si è presentato in ambulatorio in pigiama, con un cappello invernale, quando faceva un gran caldo.

In realtà il suo modo strano di nascondere la malattia attirava molto di più l'attenzione.

…Fortunatamente fino ad oggi la malattia non ha proprio inciso sulla mia vita e nemmeno in quest'ultimo anno.

---

[78] Uomo di 68 anni pensionato, intervistato da me come psicologo.

La malattia nella mia forma non è palese, sarei molto condizionato se fosse palese, perché io fino ad un mese fa stavo in televisione, come giornalista anche televisivo. Mi sentirei molto condizionato se diventasse molto visibile e quindi non potrei andare in televisione…

Mai nessuno se n'è accorto che l'avevo poiché era localizzata sul corpo e le gambe, non è mai uscita fuori sulle mani o sul viso. L'ho tenuta e la tengo sul cuoio capelluto, ma porto il cappello.

Mi dà fastidio quando perdo le squame, la sera mi metto la pomata e mi corico. Penso che la mattina la donna delle pulizie può trovare sporco e quindi pulisco io prima che venga.

…Non mi preoccupo troppo della malattia, anche se da due o tre settimane sto soffrendo con i dolori alle gambe molto forti, ma so che non è mortale…

Dagli stralci riportati emerge chiaramente quanto sia forte ed a volte drammatico l'impatto della psoriasi sulla qualità di vita dell'ammalato, colpito nell'aspetto fisico e in quello psico-emotivo.

Il corpo è oggetto di una notevole sofferenza fisica e per di più, a causa della visibilità della patologia, diviene veicolo della discriminazione sociale, da cui consegue l'aggravarsi del malessere psichico.

4.2 Conoscere se stessi

In tutti i racconti narrati sia allo psicologo sia all'ammalato di psoriasi è emerso che quasi tutti i soggetti intervistati vogliono nascondere la malattia.

Se questa non è localizzata in posti facilmente visibili dagli altri, come le mani o il viso, si tende a nasconderla e a non considerarla come un grave problema, così pure se è in forma leggera.

Chi ha la malattia in forma evidente, invece, la cela fino a non uscire di casa per la vergogna, vergogna di se stessi e di come si appare al mondo.

Un nascondersi che può avvenire fin quando ogni persona non si trova di fronte alla scelta ed alla possibilità di andare a mare o meno. Al mare non si può coprire nulla, ognuno si mostra così come è. In quel momento sorgono le difficoltà ed i problemi per tutti.

Il mare nel suo insieme assume una notevole importanza, non solo per il bisogno di un semplice appagamento di piacere o di un momento di rilassamento e desiderio, ma perché l'esposizione solare fa bene alla pelle, meglio se in una località marina.[79]

I raggi del sole sono in grado di stimolare nel   nostro organismo la sintesi   della vitamina D.

Quest'ultima detiene un ruolo di fondamentale rilevanza per fissare il calcio nelle ossa e per combattere l'osteoporosi. Inoltre la vitamina D è fondamentale anche per il sistema immunitario.[80]

---

[79] Secondo Carlo Solaroli, primario dermatologo dell' ospedale Maggiore di Bologna, dei raggi ultravioletti del sole, quello che dà benefici è la radiazione di tipo A, quella che riesce a giungere più profondamente nella cute, sino al derma.
Ecco perché, il Mar Morto è un rinomato habitat curativo per la psoriasi: trovandosi 400 metri sotto il livello del mare lo strato atmosferico supplementare limita il passaggio della radiazione di tipo B (che provoca l' eritema, il rossore della pelle) lasciando invece diffondere gli Uva.
[80] La psoriasi è una malattia autoimmune, una condizione causata dall'attivazione del sistema immunitario non finalizzata a risolvere un'infezione batterica o virale ma che determina un processo

I raggi del sole sono molto importanti per aiutare il nostro corpo a produrre l'ormone della crescita, il quale non occupa solo un ruolo essenziale nella crescita dei bambini, ma svolge funzioni non secondarie anche negli adulti contribuendo alla salute delle ossa, dei capelli e della pelle.

Inoltre, bagnandosi nell'acqua salata del mare, si beneficia delle proprietà antibatteriche del mare, poiché in esso sono presenti minerali come il sodio, lo zolfo ed il rame, che hanno effetti positivi per chi ha eczemi e psoriasi.

Anche l'aria è ricca di sali minerali che il nostro organismo assimila attraverso la respirazione.

Quando il mare è mosso si liberano particelle di cloruro di sodio, di magnesio, di iodio e di potassio.

Il mare, inoltre, assume diversi significati essendo uno spazio ignoto che risulta imprevedibile. Ne appare la superficie, ma ha infinite profondità che sfuggono all'occhio umano.

---

infiammatorio che danneggia un organo o un tessuto.

Per nuotare occorre spogliarsi, scoprire il proprio corpo e mettere a nudo l'insicurezza emozionale di chi ha la psoriasi.

Nel mare vi è tutto l'ambiente marino che rappresenta l'Altro. Quando ci s'immerge in esso, quello spazio infinito diviene compresso, troppo stretto, così succede sulla spiaggia e in riva al mare dove l'Altro diviene troppo vicino.

Il mare rappresenta il qui e ora della malattia dove ci si confronta con i problemi da risolvere, con situazioni improvvise ed impreviste.

Il proprio corpo non viene usato per ascoltare i propri bisogni e necessità emotive, ma diviene l'origine e la fonte del problema poiché il contesto sociale intorno emargina e disprezza per l'aspetto esteriore dell'ammalato.

La pelle ispessita, che è divenuta una corazza per difendersi dagli scambi emotivi con l'esterno, diviene l'oggetto della stigmatizzazione sociale poiché non si risponde più ai canoni di bellezza sociale condivisi.

L'andare a mare implica il venire a contatto con il nostro corpo, la nostra interiorità e personalità, un processo già difficile per chi soffre di psoriasi e che diviene impossibile a causa della stessa malattia/difesa della persona.

Trascriverò solo alcuni stralci delle interviste, quelle più intense.

Ricordo Gennaro,[81] un uomo di piccola statura, con i capelli bianchi e di carnagione scura. Un uomo di poche parole all'apparenza, ma che si è aperto con me due volte. La prima volta quando ero un ammalato e la seconda dopo due anni come psicologo.

La seconda volta, dapprima non si ricordava di me, ma avendomi poi riconosciuto, fu molto felice di rivedermi, mi chiese dei miei studi e si complimentò per il risultato da me raggiunto.

Egli con me non nascondeva la sue emozioni le sue lacrime.

---

[81] Uomo, 63 anni, operatore ecologico, intervistato da me sia come ammalato che come psicologo la volta successiva.

La psoriasi per lui era una condanna, la cosa peggiore che gli potesse accadere.

Le sue espressioni "colorite" sulla malattia nascondevano rabbia, dolore e sofferenza. Una sofferenza trattenuta dentro senza mai poter uscire fuori.

Le sue parole concise, dirette sono quelle che entrano dentro lasciandoti poi un senso di amarezza, di impotenza e di dolore.

… E' una malattia con cui devi convivere, che devi sopportare nonostante ti fa schifo, mi fa schifo e ho vergogna di mia moglie, dei miei figli. Mi dà fastidio.

Mi dà fastidio che mia moglie mi guarda, anche se non mi ha detto mai niente, sono io che a volte evito, se prima stavo due volte con mia moglie ora ci sto mezza volta. Fisicamente mi sento bene, ma la psoriasi è una cosa vergognosa.

Anche nell'ambito lavorativo se mi devo fare una doccia non me la faccio, la faccio a casa …

Io mi sento male, ma male, non ce la faccio. Non ce la faccio neanche a guardarmi allo specchio, basta che ti muovi i vestiti addosso e cade la pelle, mia moglie deve spazzare e mi guarda, mi dice di stare attento.

Dentro mi sento pulito, ma fuori mi sento sporco. Mi fa schifo, mi sta uscendo anche sulle mani e davanti agli altri le nascondo …

Non ne parliamo del mare, non ci vado. Oggi come oggi sono quasi quindici anni che non esiste più il mare. Quando fa caldo, il sole lo vado a prendere sul terrazzo.

Anche se il sole fa bene e lo so, non vado al mare, non esiste, preferisco andare sopra al terrazzo di casa mia.

Ho otto nipotini, figurati un po' se non vorrei andare al mare, lascio immaginare … il racconto qui si è fermato un po', interrotto dalla sue lacrime.

Dopo due anni ha riparlato del mare, è stato meglio con la psoriasi e finalmente ci è andato. Non essendo completamente guarito, ci è andato di nascosto perché ancora si sentiva inguardabile agli occhi dei nipotini, non voleva sembrare loro un mostro.

... Non sono mai stato capace di andare sulla spiaggia. Quando ci sono andato l'ho fatto di nascosto, ho avuto vergogna a farmi vedere dalle persone, specialmente dai bambini che si mettono paura, per niente la mamma si chiama il figlio e non lo fa avvicinare. Sono andato al mare, ma non mi sono fatto vedere da nessuno, mi metto vergogna di farmi vedere, sono andato sulla spiaggia vestito, stavo con il costume, ma sempre con una maglietta a mezze maniche, non l'ho mai tolta. Mi sono tuffato a mare con la maglietta.

Con otto nipotini è brutto andare a mare con loro e non spogliarsi. Ti fanno domande, mi hanno chiesto più volte di andare nell'acqua e giocare con loro, ed io a trovare sempre scuse dicendo che dovevo lavorare o altro.

Anche mia moglie ad inventare scuse e loro a lamentarsi che io non sono mai andato con loro e magari non li voglio bene.

E' una cosa che ti fa rabbia, che ti fa sentire male con te stesso, ho otto nipoti e non sono capace di andare a mare con loro. Per me è tragico ...

Isolarsi dagli altri, dai parenti e anche dagli amici per poter beneficiare delle proprietà terapeutiche del mare è una cosa sempre avvenuta per chi è affetto da questa patologia.

Ascoltare la storia di Peppe[82] è stato come entrare in una biblioteca dove si sente l'odore di tanti libri che testimoniano secoli di storia e cultura, poiché lui ha la psoriasi da più di cinquant'anni.

Un uomo dall'aspetto anziano e severo, ma con tanta dolcezza e tristezza che trasparivano dal suo racconto.

Ascoltarlo è stato come fare un tuffo nel passato. Ci sono tante persone che soffrono di questa malattia da anni, ma ascoltare una persona che la vive da cinquant'anni permette di accedere ad un bagaglio informativo ricco di emozioni.

… Ero giovane e proprio allora ho avuto maggiori difficoltà perché mi comparve sulle mani, poi fortunatamente negli anni

---

[82] Uomo di 71 anni, intervistato da me come psicologo.

successivi non mi è più uscita sulle mani. Quando l'ho tenuta sono stato sempre coperto, ma ho avuto difficoltà nel nascondermi a lavoro.

Nella sfortuna di avere questa malattia ho avuto la fortuna di non averla mai sul viso, però non potevo andare a mare con i miei amici. Quando potevo ci andavo da solo, mi mettevo in disparte sugli scogli per non farmi vedere. Non volevo farmi vedere né dai miei amici né da nessun altro.

Mi mettevo da parte perché mi sentivo diverso ed escluso da tutti. Ricordo che quando stetti ricoverato in ospedale, la prima volta, ero giovane e piangevo, piangevo sempre, piangevo tutte le notti.

… Questa malattia, quando è presente sul viso, sulle mani e pertanto si vede causa problemi e fastidi, ma se è localizzata dove non si vede i problemi sono minori. Rispetto a cinquant'anni fa la malattia si è modificata nella sua forma, me ne esce di meno. Inoltre, le persone di oggi, sia amici sia estranei sono meno diffidenti.

Anni fa erano tutti più ignoranti, oggi è cambiata la vita, l'informazione è maggiore, si conosce molto di più, raramente c'è qualcuno che non sa nulla della psoriasi.

Tale malattia può insorgere in qualunque età. Ovviamente l'impatto negativo sulle persone più giovani è maggiore.

Così come racconta Elisa[83] che non è andata in spiaggia nascosta dagli scogli come Peppe. Lei è letteralmente fuggita dalla sua città per poter beneficiare delle proprietà terapeutiche del mare. E' andata il più lontano possibile dove aveva la certezza di non incontrare nessuno che la conoscesse.

Ho vergogna di questa cosa, infatti, molti dei miei amici sanno che mi sono venuta a ricoverare, ma non sanno il perché. Non l'ho detto, non ho il coraggio, lo so non mi dicono niente, ma io non l'accetto e quindi non posso farla accettare agli altri…

La gente è ignorante a meno che non sanno della malattia, però molta gente ti guarda pensando che puoi mischiare

---

[83] Donna di 23 anni, messo notificatore, intervistata da me come psicologo.

qualcosa e in automatico ti chiudi, perché così è successo.

Questa è stata la mia prima estate con la psoriasi, al mare sono andata in Calabria perché lì nessuno mi conosceva, qua a Napoli non ci sarei mai andata.

In ogni caso ogni volta che arrivavo in spiaggia era una mazzata in fronte, ho avuto forza grazie al bagnino, è un anziano sui settanta anni, mi dava la forza, chiedeva cosa fosse, m'invitava a mettermi al sole dicendo che a me era una forma leggera perché c'era gente che stava molto rovinata.

Ho visto, poi, dei miglioramenti perché con il sole scompariva, è rimasta solo sulle gambe e nei lati. Ero sempre al sole, infatti sono diventata nerissima, quando sono tornata a Napoli tutti mi domandavano dove fossi stata perché ero diventata nera. Mi mettevo da mezzogiorno fino alle sei di sera, mi mettevo in mezzo al mare con il lettino legato alla boa.

… Se solo devo pensare che mi devo mettere una gonna e devo mettere queste gambe fuori sto male. Io non metterò mai una gonna, assolutamente….D'inverno se metto qualche pantaloncino più corto uso delle calze molto spesse per non far vedere le gambe, nascondo così la malattia. La nascondo e basta.

... Il complesso comunque c'è, il mio complesso è quello ... se gli altri mi vedono, che schifo.

Non lo dico che ho questa malattia forse perché mi vergogno, forse mi giudicano, mi guardano non lo so.

Sebbene il mare sia importante per la guarigione e la faciliti, non è detto che il continuo stare a contatto con il mare renda immuni dalla patologia, come nel caso di Sergio,[84] un pescatore.

Un uomo basso e tarchiato, con tante rughe come di chi ha trascorso una vita sotto il sole. Compagno di stanza, ben disposto al colloquio, a chiedere spiegazioni e a confortare chi fosse più giovane di lui.

Un uomo semplice, spontaneo, genuino. Ricordo ancora la sua bottiglia di vino nascosta nell'armadietto per brindare alla

---

[84] Uomo di 56 anni, pescatore, intervistato da me come ammalato.

sua felicità, alla sua rinascita, dopo la guarigione apparente.

Dove il mare rappresenta per lui la vita e la speranza della completa guarigione, le sue lacrime risaltano il suo sogno di essere di nuovo pulito e senza quelle "tracchie" (lui così definisce la psoriasi).

... In estate si è tolta da testa, però nel mese di gennaio mi è uscita anche in altri posti. L'avevo su tutto il corpo, sulle mani, sui piedi, me la sento pure dentro lo stomaco, l'avevo nello stomaco. Tornavo a casa e non mangiavo, vedendo il cibo mi veniva da vomitare, ho perso in due mesi quasi dieci chili senza mangiare.

Uscivo alle quattro del mattino e tornavo alle quattordici e non mangiavo, non mangiavo mai.

Domani uscirò, sono contentissimo, finalmente sono pulito, vado a casa pulito, ora non metterò più il berretto, devo far vedere che sono guarito, devono sapere, lo toglierò proprio il cappello.

Tutti quanti mi devono vedere senza il berretto e senza i guanti, devo fare una stretta di mano e ... vaffanculo! eh eh eh

Ora non ho più il problema alle mani, con tutte quelle croste non potevo fare niente, mia moglie mi dava a mangiare, mi lavava, mi aiutava a vestire. Domani quando il medico dice che posso uscire prendo e me ne vado, non telefono a mio figlio per farmi venire a prendere, devo fare una sorpresa a casa, mi devono vedere tornare pulito.

Prima mi devo fermare al bar con gli amici se il medico dice che posso bere, ma domani pure se dice di no sempre berrò un bicchierino con gli amici.

Mi sento più sollevato, è valsa la pena stare in ospedale, ero un mostro, un mostro e ... ora sono un neonato.

Vorrei che scomparisse, ma meno forte di come l'ho avuta ora verrà, poi speriamo Iddio che non viene... che se la portasse il vento! Mi piacerebbe che il vento, il mare se la portassero via per sempre ...

Il mare ha più significati psicologici, esso è elemento dinamico e mai uguale a se stesso, scorre, porta trasformazioni, è il flusso del divenire, è profondo, è terapeutico, porta energie che possono guarire. Esso non ha principio e non ha fine, è l'inizio della vita come della morte.[85]

Anche per chi ha la psoriasi il mare assume più significati: di guarigione dalla malattia per i suoi effetti benefici e curativi, ma anche di esclusione sociale e relativa emarginazione con conseguente peggioramento della patologia.

In un ammalato di psoriasi, infatti, gli stati emotivi, i conflitti, la rabbia, anziché venire fuori, vengono ancora di più repressi per cui la via della guarigione all'ammalato sembra irraggiungibile e il paziente avverte maggiormente il peso della malattia.

---

[85] Nella Bibbia (Genesi), nel Corano, nella mitologia Indù, l'acqua è luogo di nascita delle creature viventi. L'elemento liquido è presente ovunque così come descritto già da Talete di Mileto nel VII secolo a.C. Accanto al significato di vita del mare vi è anche quello di ignoto e paura riconducibile alla morte. Omero nell'Odissea, attraverso le sirene fa trovare la morte in mare per chi viene attratto dal loro canto. Attraverso il diluvio universale, Dio sommerge la terra dalla acque del mare che portano la morte per gli uomini.

4.3 Con-Vivere con la psoriasi

La malattia modifica negativamente il modo di vivere di chi ne è affetto, partendo dalla semplici azioni quotidiane, come il poter mangiare o vestirsi, o semplicemente prendere un caffè insieme agli amici fino ad intaccare completamente la sfera psicologia e sociale della persona ammalata.

La psoriasi è un problema più significativo in giovane età e diviene talvolta meno grave in età avanzata quando si accetta la malattia e s'impara a con-vivere con essa.

E' una malattia cronica che comporta diverse ricadute nell'arco della vita, pertanto i soggetti che ne sono affetti devono riuscire a con-vivere con la patologia.

La psoriasi intacca l'autostima e rende l'individuo più fragile e di conseguenza viene a modificarsi il suo rapporto con la società.

L'autostima è l'atteggiamento favorevole o sfavorevole che l'individuo ha verso se stesso.[86] Se una persona si "ama" c'è positività, se la persona non si "ama" c'è negatività.[87]

Le persone affette da psoriasi attuano tre tipi di difesa: nascondono la propria malattia coprendosi con cappelli, pantaloni e maglie a maniche lunghe anche in piena estate, celano gli indizi su cui si fonda lo stigma sociale, attuando tecniche di neutralizzazione volte a giustificare la patologia,[88] specialmente nelle situazioni sociali organizzano una rete di aiuto comune tra stigmatizzati dello steso tipo.[89]

Gli ammalati più gravi chiudono ogni contatto con il mondo esterno, per mesi e mesi non escono più di casa.

---

[86] Rosenberg, M. (1965). Society and the adolescent self-image. Princeton: Princeton University Press.

[87] Blascovich, J., & Tomaia, J. (1993). Measures of self-esteem. In P. R. Robinson & L.S. Wrightsman. Measures of personality and social psychological attitudes. Ann Arbor: Institute for Social Research.

[88] Descrivendola come un'altra patologia, ad esempio dicendo che è forfora o una semplice allergia non infettiva.

[89] Goffman *Stigma. L'identità negata*, traduzione di Roberto Gianmarco, collana «Psicologia sociale e clinica della devianza», Giuffrè, 1983.

Così come la madre di Narciso eliminò dalla casa ogni superficie riflettente, così chi è affetto da psoriasi evita molte volte di guardarsi in uno specchio e cerca di non farsi guardare dagli altri per paura di essere giudicato.

Per lo psoriasico, la malattia diventa una forma di identità sociale acquisendo anche una funzione di categorizzazione sociale per cui l'individuo è inserito in un gruppo con caratteristiche di stigma e rifiuto.[90]

L'individuo verrebbe in questo modo definito dalla malattia e l'identità sociale verrebbe concepita dalla collocazione del soggetto all'interno di un sistema di categorie sociali determinato dagli attributi veicolati dalla malattia.

Il Sé dell'ammalato finisce col rappresentare il frutto di una tensione dialettica fra queste due polarità: ciò che sente dentro e ciò che viene rimandato dall'esterno.

---

[90] Michael Billig, Henri Tajfel. "Social categorization and similarity in intergroup behaviour", 1972.

Il Sé di uno psoriasico si struttura sulla base dei giudizi e dei segnali di riconoscimento o di diniego che gli altri gli indirizzano.[91]

Il Sé, quindi, avrebbe il significato di un processo i cui protagonisti sarebbero l'individuo e la società. La sua natura appare di tipo processuale, e precisamente di tipo dialettico, dove entrano in gioco fattori soggettivi, ma anche il mondo sociale, sia come rappresentazione dell'altro, sia come sistema di relazioni nel senso reale del termine.

Chi ha avuto la psoriasi, in posti facilmente copribili da indumenti, ha

---

[91] C.H. Coley, Yeung, King-To, and Martin, John Levi. "The Looking Glass Self: An Empirical Test and Elaboration", Social Forces 81, no. 3 (2003): 843-879.

Secondo Cooley il Sé relazionalmente inteso è una costruzione sociale che implica l'interiorizzazione di altri significati. Il soggetto fa propri gli atteggiamenti che gli altri esprimono nei suoi confronti. Queste valutazioni definiscono metaforicamente il looking-glass-self, ovvero che noi ci vediamo con l'immagine che gli altri mostrano di avere di noi grazie al loro comportamento nei nostri riguardi.

nascosto la sua malattia agli occhi degli altri ed ha spesse volte, per vergogna, taciuto di avere la psoriasi anche agli amici, rendendo partecipe della propria vita solo i familiari. In alcuni casi c'è chi ha nascosto di avere la malattia anche ai parenti stretti.

I pazienti intervistati hanno scelto di narrare la loro storia perché si sono trovati dinanzi alla presenza di un "ammalato" come loro, ritenendolo in grado di capire e comprendere situazioni umilianti, stressanti, non comprensibili da chi è "sano".

L'estraneo, colui che ignora la malattia, non può intendere appieno il disagio degli psoriasici, ma se la conosce, allora riesce a capirne la sofferenza.

Diventa possibile così dialogare solo con l'altro malato, forse questo è il motivo della disponibilità ad aprirsi con l'intervistatore-malato anch'egli ricoverato o con lo psicologo che è uno specialista del settore.

Dall'analisi delle testimonianze raccolte emerge l'importanza assunta dagli indumenti quali cappelli e guanti, utili a nascondere la malattia presente in posti visibili come le mani o il cuoio capelluto.

Inoltre, anche coloro che non hanno attualmente e non hanno avuto in passato la psoriasi in posti visibili, hanno trovato difficoltà ad andare al mare, dove ad essere esposto è il corpo nella sua interezza.

Per soddisfare questo desiderio sono stati costretti a scegliere luoghi isolati e senza la compagnia né di amici o persone care.

Il mare è stato citato da tutti risultando così un tema comune nella quasi totalità dei racconti dei pazienti sebbene non fosse presente come area di interesse esplorativa.

Nella seconda parte del lavoro, gli ammalati avendo di fronte uno psicologo hanno parlato anche delle altre difficoltà che incontrano.

Difficoltà che hanno preferito raccontare ad uno specialista e non ad un loro pari, fiduciosi di riceverne un beneficio.

Hanno espresso il loro disagio, la loro difficoltà del vivere quotidiano, ma anche a chi li poteva capire, l'immensa difficoltà di quando devono mettere a nudo non solo il corpo, ma il loro stato d'animo: il timore, la paura, la vergogna.

Ciò che spesso avviene con familiari e amici con cui non si hanno forti legami, gli ammalati di psoriasi si chiudono. La malattia non "nasce" con le prime chiazze, ma nel preciso momento in cui si conosce la diagnosi.[92]

Tale diagnosi è vissuta dalla maggior parte dei pazienti come una condanna che li porterà a relazionarsi, dal quel momento in poi, sempre a tre. Non ci saranno lui e l'altro, ma fra loro sarà sempre presente la psoriasi. Essa influenzerà per sempre il modo di vivere e lo stile di vita, il lavoro, il rapporto di coppia, il rapporto con l'altro. Ci sarà sempre la paura di vedersi ritornare un'immagine di sé mostruosa in misura maggiore di quanto lo è nella realtà, poiché

---

[92] La comunicazione della diagnosi all'ammalato rispecchia il rapporto che una determinata cultura intrattiene con l'idea della vulnerabilità-malattia e della finitudine-morte. Essendo, quindi, la psoriasi una malattia non mortale, spesse volte, come è emerso dai racconti, la diagnosi viene data in modo diretto e violento, senza tenere conto che per l'ammalato sebbene non sia una malattia grave, la malattia comporta problematiche per tutta la vita. Problematiche non solo di tipo dermatologico, ma anche sociali e psicologiche a cui non si dà la giusta importanza.

ritorna "aggravata" dal disgusto, dalla paura e dall'evitamento visti nello sguardo altrui.

L'ammalato di psoriasi vive in un tempo quasi indefinito, dove il passato è ricordato come il momento migliore, dove non c'era la malattia. Il presente è vissuto con difficoltà che sembrano sempre crescenti perché la malattia è cronica e recidivante. Ciò porta specialmente a chi ha la malattia da diversi anni a vedere un futuro privo di speranze poiché si diventa consapevoli che non ci sarà mai la completa guarigione, ma solo momentanee guarigioni e miglioramenti. La malattia sempre presente sul corpo dello psoriasico diventa poi insostenibile quando si localizza su posti visibili, che non si possono nascondere con indumenti. Allora nasce lo sconforto più grande.

Tutto ciò è emerso ed è stato raccolto grazie alle due diverse tipologie d'interviste, dove gli intervistati si sono mostrati tutti disponibili al colloquio. Ma si è evinto che quasi tutti i pazienti, nelle interviste con lo psicologo, hanno spontaneamente espresso anche i loro sentimenti.

Occorre puntualizzare che le difficoltà del vivere quotidiano non sono emerse subito, ma nel momento in cui la storia prendeva forma come pure è divenuto evidente che il con-vivere con questa malattia produce effetti diversi a seconda che la si tenga in giovane età, da adulti o da anziani, ed a seconda delle sedi dove si localizza.

A causa della malattia sono emerse difficoltà lavorative, di imbarazzo, ma anche di rinuncia a poter lavorare sia per un fattore estetico, sia per l'impossibilità fisica dovuta al fatto di non poter più muovere le mani. La psoriasi, a chi ne è affetto, non solo causa difficoltà lavorative e relazionali, ma se presente in zone intime priva chi ne è affetto dall'avere una vita sessuale serena, sia per cause prettamente organiche sia psicologiche.

Tutti i pazienti intervistati hanno precisato di aver subito chiarito a tutti, parenti, amici, colleghi di lavoro, estranei che la loro malattia non era infettiva.

Alle richieste di spiegazioni circa la loro patologia hanno detto che era dovuta allo stress senza entrare troppo nei particolari o per la loro stessa non conoscenza o per cercare di evitare quanto più possibile il discorso.

Dalle interviste, così come dalle osservazioni svolte in ambulatorio e in reparto, è emerso che i malati di psoriasi vogliono parlare della loro malattia a chi la conosce o a chi ne è affetto; al contempo ritengono inutile parlarne con chi non la conosce. In ambulatorio la maggior parte dei pazienti psoriasici osservati cerca di parlare con gli altri ammalati durante l'attesa, parlare fin quando non viene il proprio turno di visita. Per questo ho scelto di intervistare gli ammalati in reparto di degenza per una maggiore disponibilità di tempo, calma e tranquillità.

Nel reparto di degenza si nota la mancanza di uno spazio comune dove i malati possano parlare tra di loro, per poterlo fare si ritrovano nel corridoio, nelle stanze di degenza o giù all'ingresso dell'edificio.

Molti hanno evidenziato nella struttura uno scarso supporto psicologico da parte degli operatori in quanto non c'è nessuno che spiega le caratteristiche della malattia e cerca di dare loro conforto. In questo senso sarebbe opportuno promuovere e attivare gruppi di auto mutuo aiuto[93] che possano fungere come strumento di comunicazione e supporto reciproco, divenendo così strumento di coping-attivo.[94]

---

[93] Dalla definizione dell'OMS (organizzazione Mondiale della Sanità), l'Auto Mutuo Aiuto è l'insieme di tutte le misure adottate da figure non professioniste per promuovere, mantenere o recuperare la salute, intesa come completo benessere fisico, psicologico e sociale di una comunità. Tali gruppi si creano affinché persone con un comune problema si riuniscono per fornirsi reciproca assistenza. I partecipanti smettono di essere solo dei portatori di disagio e diventano protagonisti di una rete, recuperando la loro responsabilità sociale e contribuendo a migliorare il benessere della comunità. Più persone con la stessa problematica hanno l'opportunità di condividere le loro esperienze descrivendo agli altri come affrontare i problemi in base alle proprie esperienze. Nei gruppi si riceve e si dà contemporaneamente aiuto emotivo e sostegno sociale.

[94] Le Strategie di coping sono le modalità che definiscono il processo di adattamento ad una situazione che per il soggetto è ritenuta stressante. Le strategie di coping attivo sono i

I disagi organici e biologici, ma anche psicologici propri della psoriasi, portano all'impossibilità di guardarsi in uno specchio per paura di ciò che si vede riflesso, ma anche la paura di essere giudicato, di essere stigmatizzato dagli altri.

Il mito di Narciso, più volte da me citato potrebbe essere una introduzione al tema dei vissuti sociali e relazionali dello psoriasico in quanto consente di cogliere in forma simbolica la potenza delle immagini e del corpo e la funzione che il soggetto vi attribuisce. Per Narciso l'immagine riflessa nella fonte viene a simboleggiare il rapporto interpersonale al quale egli stesso si sottrae nel momento in cui non riconosce l'altro, ma l'altro è la sua immagine riflessa.

Nel soggetto con psoriasi la propria immagine riflessa nell'altro gli ritorna deturpata ancor di più di quanto lo sia realmente se viene accompagnata da espressioni di disgusto e disprezzo.

---

tentativi del paziente di controllare in qualche modo il proprio dolore, il tentativo di mantenere un buon livello funzionale, nonostante il permanere del dolore o del problema stesso.

Bibliografia

- Abeni D., Picardi A., Pasquini P., Melchi CF., Chern MM (2002) "Further evidence of the validity and reliability of the Skindex-29: an italian Study on 2.242 dermatological outpatients". Dermatology 204:43-9.

- Anderson RT, Rajagopalan R. (1997). "Development and validation of a qualit of life instruments for cutaneous diseases". J Am Acad Fermato; 37: 41-50.

- Anzieu D.,1985, "L'io pelle", Roma, Borla, 1994.

- Atkinson R. (2006), "L'intervista narrativa", Raffaello Cortina Editore.

- Bichi R., 2002, L'intervista biografica. Una proposta metodologica. Milano. Vita e pensiero.

- Braathen LR, Botten G, Bjerkedal T. Psoriatic in Norway. Acta Derm Venereol 1989; 142 (Suppl): 9-12.

- Chren MM, Lasek RJ, Quinn LM et al. (1996) "Skindex, a quality-of-life measure for patients with skin disease: reliability, validity, and responsiveness". J Invest Dermatology; 107: 707-71313.

- Cicognani E. 2000, "Psicologia sociale e ricerca qualitativa", Carocci editore, Roma.

- Cotterill JA Cunliffe WJ. "Suicide in dermatological patients". Br J Dermatol 1997; 137: 246-250.

- Dipboye R., Arvey R. Terpstra D., 1977, "Sex and physical attractiveness of raters and applicants as determinants of résumé evaluations", "Journal of Applied Psychology", 62, 288-294.

- Feingold A., (1992), "Good-looking people are not we think", "Psychological Bulletin" 21, 304-341.
- Finlay AY, Coles EC. The effect of severe psoriasis on the quality of life of 369 patients. Br J Dermatology 1995; 132: 236-244.
- Flick U. (1998). An introduction to qualitative research. London. Sage
- Fortune DG, Richards HL, Main CJ et al. "What patients with psoriasis believe about their condition". J Am Acad Dermatology 1998; 39: 196-201.
- Freud A. (1936), L'Io e i meccanismi di difesa. Firenze. Martinelli, 1967.
- Freud S. (1922), "L'io e l'Es" in Opere, Vol. 9, Torino, Boringhieri, 1977, p. 488.
- Gaddini E. (1982), "Il Sé in psicoanalisi", Milano, Cortina.
- Ginzburg IH, Link Bg. (1993) "Psychosocial consequences of rejection and stigma feelings in psoriasis patient". Int J Dermatology; 32: 587-91.

- Glaser B.G. e Strauss A.L. (1967), The discovery of Grounded Theory: Strategies for Qualitative Research, Chicago, Aldine.

- Goffman E., "La vita quotidiana come rappresentazione", 1959. Traduzione italiana. Bologna, Il Mulino, 1969.

- Goffman E., "Stigma", 1963, traduzione italiana, Verona, Ombre corte, 2003.

- Kavli G, Forde OH, Arnesen E, et al. "Psoriasis: familial predisposition and environmental factors". Br Med J 1985: 291: 999-1000.

- Lipowski Zj, Psychosomatic medicine in the seventies: an overview. Am J Psychiatry 1977: 134: 233-234.

- Mantovani. "Manuale di Psicologia sociale", 2003.

- McHenry PM, Doherty VR. "Psoriasis: an audit of patients' views on the disease and its treatment". Br. J Dermatology 1992 127: 13-7.

- Naldi L, Parazzini F, Brevi A, et al. "Family history, smoking habits, alcohol consumption and risk of psoriasis". Br J Dermatology 1992; 127:212-217.

- Ramsay B. O' Reagan M. "A survey of the social and psychological effects of psoriasis". 1988: 195-201.

- Rapp SR, Feldman SR. Exum ML et al. "Psoriasis causes as much disability as other major medical diseases". J Am Acad Dermatology 1999; 41: 401-407.

- Rowatt W. C., Cunningham M. R., Druen P. B., 1999, Lying to get a date: "The effect official physical attractiveness on the willingness to deceive prospective dating partners", "Journal of Social and Personal Relationships" 16, 209-223.

- Savin P. Psychosocial aspect. In: Textbook of psoriasis (Van De Kerkohf P. ed.). Oxford Blackwell Science 1999: 43 – 51.

- Smith J.A. (1995), Semi-structured interviewing and qualitative analysis, in J.A. Smith R. Harrè e l.van Langenhove, rethinking Methods in Psychology , London Sage pp. 9-26.

- Strauss J. e Corbin (1990), "Basics of Qualitative Research. Grounded Theory Procedures and Techniques", Newbury Park, Sage.

- Strauss J. e Corbin A. 1994, Grounded Theory Methodology. An Overview, in N.K. Denzin e Y.S. Lincoln (eds.), "Handbook of Qualitative Research", Thousand Oaks, Sage, pp. 273-285.

- Strauss J. e Corbin A. 1998, "Grounded Theory Methodology. An Overview", in N.K. Denzin e Y.S. Lincoln (eds.), "Strategies of Qualitative Inquiring", Thousand Oaks, Sage, pp. 158-183.

- Van Dorssen IE, Boom BW, Hengeveld MW. "Experience of sexuality in patients with psoriasis and constitutional eczema". Ned Tijdschr Geneeskd 1992; 136: 2175-8.

- Waters J. (1985), "Cosmetics and the job market". In J. Graham, A. Kligman (eds.), The Psychology of cosmetics treatments, New York, Praeger.
- Winnicott, D. (1960). "The theory of the parent-child relationship"., Int. J. Psychoanalyst., 41:585–595.
- Wright V. Moll JMH. "Psoriatic arthritis". In: Wright V. Moll JMH editors. Seronegative polyarthritis. Amsterdam: North Holland Publishing, 1976: 169-233).
- Zani B. Cicognani E., "Psicologia delle salute", Società ed. il Mulino, Bologna, 2000.

L'Autore

*Giovanni Salierno è uno psicologo clinico e psicoterapeuta che lavora come libero professionista.
Laureato in:
Economia e Commercio,
in seguito ha conseguito la laurea in:
Psicologia dei Processi Relazionali e di Sviluppo
per poi specializzarsi in:
Psicologia Clinica e di Comunità
all'università Federico II di Napoli.
Ha conseguito il Master triennale in:
Psicodiagnostica
e la specializzazione in Psicoterapia:
Sistemico - Relazionale e Familiare.
Ha conseguito il titolo di: TangoTerapeuta.*

*Negli anni sono stati diversi i ricoveri
ospedalieri, molteplici le cure ed i farmaci,
tanti medici conosciuti e
tanti pazienti come lui con cui condividere
questa malattia.
Tutto ciò l'ha spinto a scrivere questo libro,
affinché chi come lui, possa trovare
un sostegno e un aiuto.
Adesso vive a Napoli, collabora con diverse
associazioni private.
Tiene, inoltre, differenti percorsi emozionali di
benessere psico-fisico attraverso lavori di gruppo.*

Contatti

Pagina Facebook:
Dottor Giovanni Salierno

Gruppo Facebook:
L'illusione di Eco … l'inganno di Narciso

Instagram:
Dottor_Giovanni_Salierno

Ringraziamenti …

… alla professoressa
Caterina Arcidiacono

… speciali … a mia madre
… lei sa il perchè